Eleonora Ievolella

Alberto Ruffinengo

# IL PICCOLO MAESTRO ZEN

© Copyright Eleonora Ievolella e Alberto Ruffinengo

All rights reserved
Tutti i diritti sono riservati. È vietata qualsiasi utilizzazione, totale o parziale, dei contenuti inseriti nel presente libro, ivi inclusa la memorizzazione, riproduzione, rielaborazione, diffusione o distribuzione dei contenuti stessi mediante qualunque piattaforma tecnologica, supporto o rete telematica, senza previa autorizzazione scritta degli autori.

Progetto grafico di copertina e impaginazione a cura di Paola Catozza.

Foto di copertina di Alberto Ruffinengo che ritrae Lorenzo a tre anni durante un momento di meditazione.

Isbn: 979-12-200-26574

I edizione: luglio 2018
www.piusemplice.net

*A Lorenzo e Luce*

"Forse sono i bambini a sostenere il mondo
e gli animali, forse sono i cuccioli d'ogni specie.
C'è tanta gioia dentro quei corpi piccoli
tanta di quella preghiera, forse sono i bambini
i fiori l'acqua, le cose fatte da due mani,
la quiete di una casa, robe di niente.
Forse la gioia è la preghiera più alta.
[…]"

Mariangela Gualtieri – "Fuoco centrale"

# Prefazione

Inizierei da lontano, citando alcune osservazioni del grande Maestro spagnolo, il sacerdote cattolico, Raimon Panikkar, tratte del suo meraviglioso commento a *I Veda*, e quindi formulate mentre sta esercitando il suo inestimabile ruolo di occidentale che spiega l'Oriente agli occidentali. Questo perché, per i lettori italiani, non ci potrà essere nessuno più attendibile di lui: «Una forma sottile di dicotomia – e forse una delle più nocive – consiste nel conferire all'atemporale alcune caratteristiche della temporalità: per esempio, nell'immagine che la vita "eterna" venga "dopo" questa vita temporale o che sia "oltre", "dietro" o qualunque altra parola spaziale o temporale possiamo usare per avvicinare ciò che, per definizione, trascende sia spazio che tempo, [...] Per accedervi non è necessario il movimento dinamico della nostra mente o la spinta in avanti della nostra volontà, ma la quiete statica, l'acquisizione del riposo di tutto il nostro essere nelle nostre più intime profondità».

Panikkar non dice quanto sia difficile raggiungere la quiete statica, il riposo di tutto il nostro essere, e sicuramente difficile lo è, ma con nostra sorpresa, un grande scrittore italiano come Giorgio Manganelli, in alcuni suoi libri, confessa, ammette "impersonalmente" di conoscere l'"eternità". Manganelli, *Dall'inferno*, a pag. 16, Rizzoli, 1985: «Eternità: essere vicini, vicinissimi».

*Nel cubo*, del 1984: «Penso al futuro, mia dimora, come a un gigantesco cubo mentale, e tale lo definisco poiché non ne scorgo il profilo, e ne ignoro le dimensioni, ma non posso non pensare che in quello spazio sia Tutto, e non solo il Tutto quale oggi lo concepite, ma tutti i Tutti del possibile».

Cosa possono essere questi «tutti i Tutti del possibile»?
Consapevolezza.

Tutta la consapevolezza degli esseri di questo mondo dal Big Bang in avanti.

E cosa si prova, immersi in questa consapevolezza?
Gratitudine.

Perché gratitudine?

Perché si può divenire coscienti di tutto, venire a conoscere la verità di ogni cosa.

La consapevolezza di chiunque sia mai esistito è lì per rispondere a ogni nostra domanda.

Consapevolezza è libertà. Con la consapevolezza non si può più avere paura di nulla.

Ma è inutile che ne parli io. Ognuno di noi deve arrivare a capire per proprio conto cosa voglia dire.

Questo compito lo svolgono tra loro, con grazia e impegno naturali e spontanei, una giovane coppia: Eleonora e Alberto, il figlio Lorenzo, la figlia appena arrivata, Luce. Un piccolo, fortissimo e commovente nucleo di costante lavoro/gioco sulla consapevolezza/eternità.

A Verona, sulla riva dell'Adige.


Giulia Niccolai

# Introduzione

Lorenzo non è un bambino speciale, o almeno non è migliore rispetto agli altri bambini per essere chiamato "Maestro Zen", semplicemente siamo noi, come genitori, che abbiamo cambiato lo sguardo su di lui. A cambiare lo sguardo ce lo hanno insegnato dei maestri, in particolare Piero Ferrucci con "I bambini ci insegnano" e Jon Kabat Zinn e la moglie Myla con "Il genitore consapevole" oltre agli insegnanti della scuola di Counseling che abbiamo frequentato.

Se cambi lo sguardo vedi tuo figlio come un essere che è più vicino alla fonte di saggezza interiore che ognuno di noi ha, perché è meno ferito e meno difeso di noi. Puoi provare a vedere i suoi comportamenti, anche quelli più difficili, come opportunità, come situazioni che ti possono insegnare qualcosa, e che, se presi nel modo giusto, possono migliorarti.

I bambini sono doni preziosi, sono tesori da custodire, e gli adulti dovrebbero cercare di preservare il più possibile in loro quella gioia di vivere, quella spontaneità e quello stupore, che i bambini possiedono, e che sono scintille dell'anima.

Questo libro nasce dalla voglia di raccontare l'esperienza nuova ed entusiasmante, ma anche faticosa e impegnativa, di essere genitori. Genitori imperfetti come tutti, ma genitori che si fanno delle domande e che non amano dare la colpa al bambino delle loro mancanze, dei loro tranelli interiori, delle loro ferite. La volontà è sempre stata quella di fare del nostro meglio, per nostro figlio ma anche e soprattutto per noi, per cercare di prendere in mano la nostra vita e cercare di farla avvicinare, almeno un pochino, alla vita che desideriamo.

Questo non è un manuale del "buon genitore" che contiene gli elenchi delle cose da fare o da evitare con il proprio bambino, ma è un libro che nasce dalla nostra esperienza sul campo. Nasce da riflessioni fatte dopo momenti difficili, dopo giornate spese a giocare, addormentare, accudire, pulire, consolare, accompagnare, ridere, litigare. Nasce soprattutto dall'amore per quel piccolo esserino biondo che, per quel miracolo che è la vita, è capitato nella nostra famiglia cambiandoci irrimediabilmente.


Eleonora e Alberto

# Il Primo Addestramento: Rispetto per la Vita

# Il cantante di strada

(Alberto)

L'altra sera erano le 18.00 ma dal buio sembrava notte fonda. Stavo spingendo il passeggino di Lorenzo (due anni e mezzo) mentre andavamo a Messa. Passando sul ponte di Castelvecchio, abbiamo incontrato un ragazzo che suonava la chitarra e cantava una canzone di David Bowie sugli eroi della quale ho sentito solo un paio di versi:

*"...We can be heroes*

*Just for one day..."*

Davanti a lui, appoggiato per terra, c'era un cappello rovesciato, utile a raccogliere qualche moneta.

Lorenzo ha detto: "Lui canta!"

Era entusiasta.

Gli ho detto di sì e anche che era molto bravo a suonare la chitarra.

Il ragazzo mi ha colpito perché, oltre a cantare bene, era vestito con pantaloni lunghi, maglietta e camicia mezza aperta con un freddo polare (6 gradi): avessi avuto io quel look mi sarei ammalato subito. Sarà l'età.

Mentre continuavamo la nostra passeggiata ho mostrato a Lorenzo una bellissima luna nascente, ma a lui il colore arancione non piaceva. Gli ho detto che man mano che saliva nel cielo sarebbe diventata bianca e argentata e lui si è messo più tranquillo.

Poi mi ha indicato delle luminarie di Natale ancora accese a febbraio e mi ha detto che sarebbe arrivato

Babbo Natale coi regali. E' stata dura convincerlo che era appena passato e bisognava aspettare quasi un anno per rivederlo dalle nostre parti.

Intanto la canzone sentita poco prima continuava a risuonare nelle mie orecchie *"We can be hero.../ Possiamo essere eroi..."* Da qualche parte in me nascevano delle sensazioni, pensieri ed emozioni che si amalgamavano come i colori ad olio su una tela, e una grande domanda:

*"Noi possiamo essere eroi?"*

In qualche modo quel ragazzo che cantava mi sembrava un po' un eroe. Lui era qualcuno che sfidava il freddo e la notte, con la sua voce scaldava lo stato d'animo dei passanti ed era in grado di regalare anche attimi di pura gioia, come è successo a Lorenzo: lui doveva per forza essere un eroe.

Ho pensato che anche le persone che gli davano una moneta – cosa che io non ho fatto e di cui mi sono subito pentito – in qualche modo potevano essere degli eroi.

Poi mi sono detto: "Bè dai, anche tu Albe sei un po' eroe che ti prendi cura di Lorenzo con amore".

Questo pensiero mi ha tranquillizzato. Pensandoci bene faccio sempre un po' fatica in questi casi a capire chi si prende cura di chi: "Sono io che mi prendo cura di Lorenzo, o forse è lui che in qualche modo si prende cura di me, che mi dà più amore di quanto in realtà riesca a dargliene io?"

Ma tornando al tema degli eroi: chi sono gli "eroi"? Possiamo essere eroi?

Una definizione di "eroe" che mi è piaciuta viene da un fumetto ("Deadpool, il mercenario chiaccherone"):

*"4 o 5 momenti bastano per essere eroe, tutti pensano che sia un lavoro a tempo pieno, ti svegli da eroe, ti lavi i denti da eroe, vai a lavorare da eroe ma non è così, in tutta la vita ci sono solo 4 o 5 momenti che contano davvero, momenti nei quali hai la possibilità di fare una scelta, di fare un sacrificio, correggere un difetto, salvare un amico, risparmiare un nemico… In questi momenti tutto il resto non conta."*

Trovo questa definizione rassicurante: se si tratta di poche occasioni nella vita forse effettivamente tutti possiamo essere eroi, anche solo per un giorno, come cantava il ragazzo per strada.

Io alla fine mi sento un eroe quando:

- Porto Lorenzo "in groppa" e lui ride.
- Riesco a chiedere scusa per gli errori che ho commesso.
- Ammetto a me stesso le mie debolezze.
- Riesco ad ascoltare qualcuno capendo il suo stato d'animo.
- Faccio un respiro profondo anziché arrabbiarmi.
- Penso con affetto ai miei cari, anche a quelli che non ci sono più, e li ringrazio per quello che hanno fatto per me.
- Faccio parlare tutti i peluche con voci strane, anche se sono stanco, per far divertire Lorenzo che vuol giocare.
- Chiamo qualcuno che so che è malato.
- Penso che il mondo, tutto sommato, sia un posto meraviglioso!

# Sonno addio

(Eleonora)

Che sia bello dormire lo sanno tutti. Il sonno è uno degli argomenti più importanti della vita: c'è chi soffre d'insonnia, chi dorme pochissimo, chi troppo.
Ci sono i ghiri e le allodole: chi ama dormire la mattina e chi invece la mattina si sveglia presto, ma alle dieci di sera crolla.
Se si parla poi del sonno che ti tolgono i bambini si aprono discussioni infinite e metodi più o meno "fallibili".
Molte vie spirituali affermano che gli incontri che facciamo nella vita non siano casuali, ma servano ad insegnarci qualcosa. Ed effettivamente Lorenzo, che oggi ha 16 mesi, mi ha fatto cambiare completamente riguardo al sonno.

Ma facciamo un passo indietro: ho un passato da ghiro.
Sì, suona un po' come una di quelle confessioni del tipo: "Sono un alcolista".
Beh, qualcosa in comune c'è.
Diciamo che da quando ho finito la scuola e cominciato l'Università ho iniziato a dormire profumatamente la mattina. Semplicemente non frequentavo le lezioni mattutine: troppo "sbattimento".
La mattina dormivo, se andava bene mettevo la sveglia alle 10, qualche volta alle 9, ma tendenzialmente mi svegliavo tra le 11 e mezzogiorno. Studiavo dopo pranzo, in genere attaccavo alle 14 e finivo alle 18. Mi sono comunque laureata più o meno nei tempi con 110 e lode. Non c'era bisogno che mi svegliassi presto.

Dopo la parentesi della Scuola del Cinema e del breve lavoro in televisione, periodo in cui mi dovevo svegliare per forza presto, e durato circa 3 anni, ho ripreso a dormire la mattina. Lavoricchiavo come libera professionista e, tranne i periodi di riprese, o qualche appuntamento speciale, potevo comunque ronfare indisturbata nella mia casetta di Milano. Quando avevo "le mie cose" o ero particolarmente stanca mi alzavo anche alle 13. Certo di notte facevo le ore piccole, ma che c'entra. La mia vita era così, le mattine semplicemente non esistevano.

Ci sono varie motivazioni psicologiche che stanno dietro a questo comportamento da ghiro, ma senza fare tanta autoanalisi, il problema era che, per quanto io mi sentissi in colpa, e cercassi di migliorare le mie abitudini, ricadevo sempre nella modalità "ghiro".
Anche una volta trasferita di nuovo a Verona, sposata, e cominciata la mia vita con Alberto, le cose erano sempre le stesse. Lui si svegliava alle 7 del mattino, mi dava un bacino, si preparava e andava a lavorare. Io mi giravo dall'altra parte e affondavo beatamente nel mio cuscino. Dormivo 9/10 ore a notte.

Poi è arrivato Lorenzo.
E non ho più dormito per 13 mesi.
Allattavo, ma non era solo quello il problema. Il piccoletto si svegliava tre, quattro volte a notte, per arrivare a picchi di dieci volte in certi periodi. Preferiva dormire la mattina e io cercavo di recuperare e finché potevo stavo a letto, ma gli intervalli di sonno non superavano l'ora e mezza. Ci alzavamo tardi, tra le 10 e le 11, ma io avevo dormito in media 2 ore a notte.

Quando ha compiuto un anno ero stufa marcia di allattare e di non dormire. Ho iniziato ad anticipare le sveglie alle 9 sperando che qualcosa migliorasse. Poi un giorno di fine agosto, il giorno in cui si sposava una mia amica, ho detto basta ed ho smesso di allattare. Contemporaneamente ho deciso di alzarmi con Alberto anche perché non allattando più non sarei riuscita a convincere Lorenzo a stare a letto a lungo. In meno di 3 settimane il piccolo ha iniziato a dormire 5/6 ore di filata per arrivare al mese dopo a fare "tutta la notte". Miracolo.

Ora se a una persona tolgono il sonno per 13 mesi vedrete che poi le basterà dormire 5 ore per stare bene, 6 per essere felice, 7 per non chiedere altro dalla vita.
Ed è così che Lorenzo mi ha rieducato a suon di "schiaffoni". Probabilmente senza questa esperienza piuttosto faticosa non sarei cambiata.

Ora mi sveglio come le persone normali tra le 7 e le 8. Anche il weekend. E non mi pesa. Mi sveglio volentieri, svegliarmi dopo mi fa strano, come se ricominciassi a fumare ora che sono 8 anni che ho smesso.
Dicono che i bambini arrivano sulla terra per aiutare i genitori.
Sembrerebbe proprio così. Ma non è che arrivano e ti dicono: "Eccomi mamma, sono venuto a risolvere i tuoi problemi!".
No! Ti strapazzano bene bene, e se tu sei disposta a cambiare, ti aiutano a crescere e a diventare una persona migliore, molto migliore.

Un detto dice: "Un nemico è come un Buddha". Io dico: "Anche il tuo bambino è come un Buddha", anche se è magro come un'acciughina.

# I Lego
(Alberto)

*"È anche grazie ai figli che i padri ricominciano a giocare"*

Quando siamo a casa il sabato o la domenica Lorenzo (3 anni) vuole giocare con i Lego.

La nostra specialità sono le case. Sto diventando un ingegnere edile.

Partiamo dalle fondamenta, unendo un po' di basi piatte, e poi cominciamo a tirare su muri, pieni o con porte e finestre, monocromatici o supercolorati che sembrano il costume di Arlecchino, ci mettiamo colonne rotonde e pilastri quadrati, e diamo vita ad asili, zoo, case di supereroi, di cavalieri, di principesse o di tutti messi insieme.

Spesso ci esce anche un garage per le macchine, le moto e le carrozze coi cavalli.

Diciamo che oltre ad unire i mattoncini uniamo anche le epoche.

Abbiamo trovato un modo di coordinarci per realizzare queste imprese: io inizio a costruire e spiego a Lorenzo cosa sto facendo, poi gli chiedo se trova dei pezzi che possono essere utili a qualche progetto che bene o male ho abbozzato in testa, lui si diverte a cercarli e a passarli, poi ogni tanto mette qualche pezzo lui, e, anche se non corrisponde al mio 'disegno iniziale', non lo sposto e continuo a costruire ripartendo dalla nuova variabile inserita.

Lo faccio sforzandomi perché quel pezzo mi sembra fuori posto. E non è facile 'rispettare' la creatività degli altri.

Imparare ad accettare il suo contributo non è stato un passaggio naturale: la mia reazione istintiva è sempre stata quella di 'correggere' quello che mi sembrava "sbagliato".

C'è un aneddoto che mi aveva raccontato mio padre che però mi ha aiutato a rispettare i pezzi che mette Lorenzo.


Da ragazzo mio padre si era avvicinato alla pittura, e dipingeva dei quadri. Mia nonna, sua mamma, già amava disegnare e rappresentava cavalli, paesaggi e figure umane, evidenziando anche un discreto talento.

Mio padre dipingeva la sera e, quando era stanco, lasciava la tela in sala sul cavalletto e se ne andava a dormire.

La mattina faceva colazione, andava in sala ancora con il caffè in mano e, fissando il quadro, rimaneva un po' perplesso: il naso dell'uomo non era come gli sembrava di averlo dipinto la sera prima e, guardando bene, anche la postura delle braccia sembrava diversa, perfino i colori non erano come se li ricordava.

Allora, disorientato e confuso, tornava in cucina da sua madre e le diceva:

"Mamma, lo sai che è successa una cosa strana? Il quadro che ho fatto ieri sera mi sembra cambiato, il volto, i colori,... non so, mi sembra tutto un po' diverso..."

"Bé sì..." - rispondeva lei - "Te l'ho corretto io!".


Mi domando ancora oggi come si faccia a correggere la creatività: come se qualcuno decidesse di cambiare qualche nota alla 9ª di Beethoven o ritenesse opportuno "aggiustare" un po' il sorriso della Gioconda o la

Guernica di Picasso perché un po' troppo confusionaria.

Eppure anche a me viene da correggere le costruzioni coi Lego di Lorenzo, ma, lasciando andare questo impulso, lentamente i nostri progetti prendono forma.

Quando abbiamo finito la costruzione chiamiamo Eleonora e le descriviamo tutte le peculiarità della nostra impresa.

Lei puntualmente ci gratifica con un sacco di complimenti ed io mi rendo conto, in quel momento, che effettivamente abbiamo realizzato un progetto bellissimo.

Ma proprio quando sta per emergere una parte di me legata al compiacimento e all'attaccamento, ecco che il piccolo maestro Zen arriva in mio soccorso ad insegnarmi una nuova lezione:

*'Non ti attaccare alle cose'.*

E lo fa con i suoi modi semplici e ricchi di entusiasmo.

Lorenzo mi guarda e mi dice: "Papà, la distruggiamo?" mentre brandisce un legnetto a mó di spada.

Cercando di dissimulare la tristezza che ho nel cuore gli dico di sì, e per lui inizia una delle parti più belle del gioco con i Lego: la demolizione.

E' dura ogni volta per me affrontare l'attaccamento al risultato, mi rendo conto che ho una parte che cerca di resistere, che vorrebbe conservare tutte le casette e i castelli che costruiamo. Ovviamente è una parte infantile: se li tenessimo non potremmo costruirne di nuovi.

Lorenzo m'insegna anche un'altra cosa: il gioco non è il risultato, ma il lavoro che facciamo insieme per arrivare a quello.

Un po' come quella famosa frase che dice: *"La meta non è la destinazione ma il viaggio"*. Infatti tutti sappiamo qual è la tappa finale della nostra vita, ma non per questo smettiamo di viverla al meglio!

Comunque delle volte faccio proprio fatica a 'lasciar andare', e, anche se so che non ha molto senso, scatto velocemente una foto alla nostra opera prima della distruzione finale: magari quando Lorenzo sarà grande vorrà vedere qualche costruzione che aveva fatto col papà!

# Che fatica!
(Eleonora)

Certe volte, anche se ce la metti tutta, avere un figlio è veramente faticoso.

Ora che Lorenzo ha tre anni in confronto a prima devo dire che è una pacchia: gli anni scorsi sono stati per me decisamente più provanti. Però, anche adesso, ci sono delle mattine in cui ti svegli e c'è la nebbia, hai zero voglia di alzarti, devi prepararlo per andare all'asilo in poco tempo, lui non vuole farsi vestire, e, se non hai voglia di uscire tu, col freddo, figuriamoci lui che è un bambino. Ci sono mattine in cui ti svegli e ha fatto la pipì a letto, e siccome dorme con noi nel lettone ha bagnato il lenzuolo sopra, il piumino, il lenzuolo sotto, il coprimaterasso, la cerata e non ci puoi credere che con tutte le protezioni che metti ogni volta è riuscito a bagnare tutto, e tu devi fare circa 4 lavatrici, hai gli stendini pieni di vestiti che non si asciugano mai.

Insomma ti svegli e dici no, non ce la faccio, ti tappi il naso e fai tutto velocemente in automatico, altro che *"mindfulness"*, e non vedi l'ora che lui e suo padre escano dalla porta per rificcarti a letto e pensi: *'col cavolo che faccio un altro figlio'*.

Sì, ci sono anche giornate così, ci sono mesi in cui non ho dormito quando Lorenzo era piccolo, anzi più di un anno a fare bene i conti, ci sono serate che ho passato cullando Lorenzo che piangeva con le coliche, anche se avevo la schiena rotta, e Alberto era in piscina.

Ci sono giornate che non dimenticherò mai quando io ero esausta e sola e lui è caduto dal letto, ci sono giorni che io avevo la febbre, mal di gola e tosse e dovevo comunque stare dietro a lui, ho passato un anno circa (il primo anno di asilo) a curarlo perché era malato ogni due settimane.

In quei momenti lì l'unica cosa che ti salva è l'istinto, perché sei una mamma e sei un mammifero e anche un animale e quando sei esausta, e vorresti sparire, interviene lui, il legame madre/figlio, che ti fa mettere il tuo piccolo sempre e comunque al primo posto.

È inutile che ora io dica che un bacio suo cancella tutto, che una frase, un abbraccio, un sorriso ti ripagano in pieno. Sì, certo, è così, però è dura, è dura e basta, e alle volte bisogna semplicemente accettare che siamo stanchi, fragili, umani e facciamo fatica. È normale che sia così, è la vita di tutti i genitori e, tra mille sensi di colpa, dobbiamo imparare ad amarci per tutto quello che facciamo perché, anche se è fatto in modo imperfetto, lo stiamo facendo, e per questo è importante dire grazie, prima di tutto, a noi stessi.

# I bambini non muoiono

(Alberto)

Oggi a pranzo stavo raccontando ad Eleonora le mie
solite preoccupazioni lavorative quando, a un certo
punto, Lorenzo (tre anni e mezzo) ci ha interrotti ed ha
chiesto ad Eleonora:
Lorenzo: "Mamma, ma dove sono i tuoi nonni?"
Eleonora: "I miei nonni sono morti."
Lorenzo: "E dove sono?"
Eleonora: "In cielo…"
Lorenzo: "E dove?"
Dopo un attimo di silenzio, sono intervenuto anch'io:
Alberto: "Da dove sei venuto tu?"
Lorenzo: "Dal cielo…"
Alberto: "Ecco, lì sono i nonni…"
Lorenzo: "E perché sono morti?"
Alberto: "Perché erano vecchi…"
Lorenzo: "E perché i vecchi muoiono?"
Alberto: "Perché sono stanchi, sono molto stanchi e
allora muoiono e così poi si riposano…"
Lorenzo: "Io non sono vecchio, io sono un bambino, e i
bambini non muoiono!!!".

La sua era un'affermazione, l'ha detto sorridendo, felice
di aver tratto questa conclusione. Ma poi mi guardava,
come fa spesso quando non è veramente sicuro di
quello che ha detto e attende la mia conferma per avere
la piena certezza delle sue deduzioni.
In un decimo di secondo mi sono venuti in mente i
bambini che perdono la vita in tutte quelle tristi storie
di cronaca nera che si leggono sui giornali, negli
incidenti stradali, nelle catastrofi naturali, nelle guerre,

perché dimenticati chiusi nelle auto o semplicemente perché sono nati in stati molto poveri del mondo.

Le immagini che scorrevano come un film davanti ai miei occhi mi hanno fatto provare una grande tristezza, poi ho ripreso il contatto con la realtà ed ho visto la gioia innocente nel viso di Lorenzo, mi sono fatto contagiare ed ho risposto provando anche ad abbozzare un sorriso:

"Eh sì, i bambini non muoiono…".

Lorenzo comincia a farsi quelle domande esistenziali così semplici che quasi non sai dove andare a trovare la risposta.

Sono domande che ti riportano con i piedi sulla terra, domande che parlano dei più grandi misteri della vita, quelle domande che immediatamente ridimensionano qualsiasi altro problema, lo rimpiccioliscono così tanto che per ritrovarlo devi usare un microscopio.

Ok, la mia banca si sta fondendo con un'altra, è in corso una riorganizzazione, io non so cosa farò domani, che ruolo avrò, chi sarà il mio responsabile, ma rispetto agli anziani che muoiono ed ai bambini che come angeli prematuramente ritornano in cielo i miei problemi svaniscono come qualche granello di sale gettato nel mare.

(Eleonora)

"I bambini non muoiono" ha affermato Lorenzo ridendo quasi a voler tranquillizzare se stesso.

Un sorriso gelato sul viso mio e su quello di suo padre.

Nei giorni successivi mi rimbombavano in testa quelle parole come un mantra e, a fianco alle parole di Lorenzo, mi si paravano davanti le immagini dei bambini di Aleppo come tanti flash del peggior film dell'orrore, le immagini dei piccoli annegati in mare e riportati a riva come rifiuti, le immagini di bambini pelle e ossa delle missioni africane.
I bambini muoiono purtroppo sia quelli "fuori" che "dentro di noi", perché per sganciare delle bombe sui civili o lanciarsi contro un mercatino di Natale bisogna avere il proprio bambino interiore morto dentro, perché non si può uccidere senza avere il cuore chiuso.
Oggi è Natale, il giorno che celebra la nascita di un bambino che aveva Dio dentro, come ognuno di noi ha.
Oggi sento di dover pregare il Dio che c'è in ognuno di noi di fare qualcosa per quei bambini uccisi e per questa umanità morta dentro.
I bambini sono quanto di più prezioso c'è al mondo, sono il futuro.
L'altro giorno sono stata alla festa di Natale dell'asilo di Lorenzo, un momento magico in cui genitori, bambini, maestri e maestre cantavano insieme e accendevano candele come in un rito sacro. Quello è un luogo di pace che, come tanti altri, cresce bambini felici. Ci sono persone che hanno Dio dentro, non ci sono solo persone ferite e cattive.

Sogno un giorno in cui tutti i bambini possano cantare come a quella festa per celebrare il Natale, sogno un giorno in cui tutti gli adulti siano come i maestri e le maestre di Lorenzo e come i genitori che amano, rispettano e ascoltano i loro bambini.
Sogno un giorno in cui i bambini non muoiono.

# Lezioni di gioia

(Eleonora)

Lorenzo (tre anni) è un bambino felice.

Certo, ci sono dei momenti in cui è triste o arrabbiato perché è stanco, ha fame o ha sonno. Delle volte litiga con qualche compagno dell'asilo o è frustrato perché non gli fai fare qualcosa che vorrebbe. Ma di fondo è un bambino felice. Lo guardo con ammirazione e con un po' di invida a volte, ma lo amo troppo per essere veramente invidiosa e allora capisco che è proprio ammirazione. Mi dico "Vedi che la natura umana è così, è Gioia, la nostra condizione naturale è la Gioia!".

Certe volte mi metto proprio a lezione, come se fossi a scuola: osservo la sua gioia che è molto semplice. La sua gioia è giocare con qualcuno, è quindi relazione. La sua gioia è scoprire qualcosa di nuovo, è la curiosità per il mondo. La sua gioia è un gelato alla stracciatella, è una rivista con un giocattolo da montare col papà, è la babysitter che ama e non vede da qualche giorno, è andare dai nonni, è riabbracciare la gatta Regina quando torna dall'asilo. La sua gioia è cucinare con me, se gli faccio buttare le uova e leccare il cucchiaio, è fare un disegno per la mamma e il papà, è stare nella natura buttando sassi nel lago, o raccogliendo legnetti. È bere il bobò (biberon) prima di dormire mentre accarezza il mio braccio perché gli ricorda quando era piccolo e ciucciava, è costruire una casa coi lego con il papà, è guardare il suo cartone animato preferito. È vivere insomma. Vivere in un ambiente tranquillo dove le persone lo amano e lo ascoltano. Niente di più.

Un essere umano per essere felice ha bisogno di essere amato e ascoltato, ha bisogno di giocare o costruire "cose" con altri esseri umani, ha bisogno di calore e di protezione, e di stare il più possibile nella natura.

È meraviglioso guardare un bambino e scoprire chi sono gli esseri umani e che bisogni hanno per essere felici. Io non sono felice come lui, anche se in vari momenti della vita lo sono stata, ma sicuramente non quanto lui. Non avevo genitori così attenti e innamorati di me, non avevo maestre amorevoli e creative, non ho avuto tante cose di cui sicuramente avevo bisogno. Però ora ho tutto alla mia portata, guardo Lorenzo, e una parte profonda di me sa che posso essere come lui: da lui posso imparare di nuovo come si fa a vivere, quel piccolo maestro è lì con me tutti i giorni e mi insegna la vita, mi insegna la gioia.

# Il Secondo Addestramento: Vera Felicità

# Una moneta, per favor

(Eleonora)

L'altro giorno siamo andati a fare un giro in centro con Lorenzo, tre anni e mezzo, che, anche se è grandicello, vuole ancora il passeggino. Era da tanto che non andavamo io e lui a fare una passeggiata. Mentre tornavamo a casa, attraversando il ponte di Castelvecchio, siamo passati davanti al solito mendicante: con la pioggia o con il sole lo puoi trovare sempre lì, sotto un arco di mattoni con il suo cappello per terra. È un signore con l'accento dell'Est, forse rumeno, peserà circa cento chili ed ha dei problemi alla gamba sinistra. Sta seduto per terra con un cagnetto di taglia piccola a fianco, tende il cappello e chiede a tutti i passanti: "Una mooonetaaaa per favor!".

Anche questa volta gli passo davanti e accelero l'andatura, ma la sua cantilena mi insegue. Sì perché dice quella frase proprio come una cantilena: "Una moooonetaaaa per favor".

Lorenzo inizia a urlare: "Ha chiesto una moneta! Perché non gli hai dato una moneta?".

Gli rispondo che non ci ho pensato, che gliela daremo la prossima volta. Lorenzo, sempre più infastidito, protesta che dovevamo dargliela subito. Mi sento un po' in imbarazzo, mi vergogno.

Come spesso accade i bambini ci mettono davanti alle nostre incongruenze, ai nostri limiti. Sì perché io mi ritengo una persona molto generosa, amo fare i regali, e come si suol dire ho pure "le mani bucate" e spendo sempre più di quel che ho. Regalo tutto quello che non uso più, mi piace aiutare le persone, fare beneficenza, ho una bambina "adottata a distanza" in Brasile:

insomma sento di essere generosa e penso di trasmettere questo valore anche a mio figlio.

Ma quel signore non mi piace, l'ho visto altre volte confabulare con tipi loschi, poi so che ci sono mendicanti che guadagnano centinaia di euro al giorno, e lui mi dà l'idea di essere un imbroglione. Preferisco quelli più in là, che stanno in mezzo al ponte e suonano la fisarmonica sorridenti.

'Però, in fin dei conti', ragiono tra me e me 'non so nulla di lui, della sua storia, non so se tutte quelle idee che mi sono fatta sono vere, potrebbe essere la persona più di cuore del mondo'.

Alla fine concludo che il mio atteggiamento è discriminatorio.

Per Lorenzo no, per lui non è importante chi è questa persona: ha chiesto una moneta e, se noi ce l'avevamo, era giusto dargliela.

*Chiedi e ti sarà dato.*

Mi è venuta in mente Giulia Niccolai, un'amica monaca buddista, che ho intervistato anni fa: lei dice che quando incontra qualche mendicante gli dà sempre qualcosa perché potrebbe trovarsi lei, un domani, o in un'altra vita, nelle condizioni di avere bisogno. Poi dice anche che lei regala una moneta senza giudicare "A questo sì, a questo no". Fa quello che farebbe Lorenzo, e quello che avrei fatto anch'io da piccola, se non fosse che mio padre tirava sempre dritto. Ricordo che anche mia nonna materna aveva scelto un metodo simile a quello buddista di Giulia: teneva mille lire in tasca e le dava alla prima persona che gliele chiedeva, a una sola, non di più, ma senza discriminazioni.

Grazie a questo episodio so che devo lavorare sulla mia parte giudicante, e che farebbe bene anche a me dare *senza scegliere*, come fa una monaca buddista o come farebbe un bambino!

39

# Cos'è un momento?
(Alberto)

Una sera, nel periodo natalizio, ero in sala che stavo facendo la pratica dei "momenti felici" al computer. La pratica funziona così: mi concentro per qualche secondo e ripercorro mentalmente la giornata, poi scrivo 3 o 4 momenti che mi hanno dato particolare gioia, cose semplici, come il momento in cui ho fatto colazione con una meravigliosa brioche alla marmellata, una battuta di un collega che mi ha fatto ridere, un disegno che Lorenzo ha fatto all'asilo e mi ha regalato, e così via.

Lorenzo (due anni e mezzo), geloso delle attenzioni che rivolgevo al computer e non a lui, mi è venuto in braccio e ha chiesto: "Cosa stai scrivendo?". In modo naturale ho risposto: "Sto scrivendo i momenti felici di oggi". Allora Lorenzo ha domandato: "E cosa sono i momenti?".

Attimi di panico.

Avete mai provato a spiegare a un bambino piccolo cosa sono i momenti?

Il mio cervello istantaneamente ha associato al significato 'momento' una serie di definizioni da dizionario astratte, quasi impossibili da trasmettere a un bambino: *"Minima quantità o frazione di tempo, considerata nella sua durata…"*. No, non può funzionare, forse: *"Minimo lasso o spazio di tempo…"*

No, neanche questa è "digeribile" per un bambino che non sa ancora la differenza fra oggi e domani. Ho capito che dovevo abbandonare immediatamente ogni definizione che la mente mi proponeva come risposta.

A quel punto ho avuto un'intuizione, semplice e pragmatica.

L'ho fissato dritto negli occhi e ho detto: "In questo momento ti sto guardando…"

Poi gli ho scompigliato i capelli lentamente e, risistemandoli, ho aggiunto "In questo momento ti sto pettinando".

Poi è passato il nostro gatto sulla scrivania ed ho appoggiato una mano sulla sua schiena: "In questo momento sto facendo una carezza a Giacomo Pulce".

Alla fine, visto che mi fissava attento, ho detto "In questo momento mi stai guardando negli occhi".

Lorenzo è andato vicino all'albero di Natale e, sfiorando una decorazione natalizia, ha detto:

"In questo momento tocco il fiocco rosso…".

Mi guardava e sorrideva.

Lorenzo mi ha insegnato che i bambini possono capire tutto a patto che ridiventiamo bambini anche noi, contattiamo l'essenza delle cose, abbandoniamo le definizioni imparate con la mente e ricontattiamo la semplicità.

# Il disegno buttato

(Eleonora)

Ieri sera eravamo a casa io e Lorenzo (quattro anni) mentre Alberto era in piscina. Dopo i cartoni animati in TV siamo andati in bagno per gli ultimi preparativi prima di dormire: pipì e lavarsi i denti. Eravamo entrambi stanchissimi, lui per l'asilo e i giochi fatti durante il giorno con il suo amico Alessandro, io per aver passato molto tempo a sistemare casa e a fare *Spaceclearing*.

Stavamo ridendo e scherzando quando improvvisamente Lorenzo vede appallottolato nella spazzatura un suo disegno che fino a qualche ora prima era appeso nella cabina armadio. In realtà non era proprio un disegno, ma la fotocopia di un'ape che lui aveva colorato di marrone al corso di inglese. Non era nulla di particolarmente artistico, ma era pur sempre un regalo che mi aveva fatto e insieme avevamo appeso tutti felici nella cabina armadio un paio di mesi prima.

Quella mattina, presa da un raptus di minimalismo e essenzialità, avevo deciso di liberare un po' il frigo e la cabina armadio da fogli e disegni appiccicati un po' ovunque: i più significativi li avevo conservati in una cartelletta, quelli meno importanti li avevo buttati.

"Non posso tenere TUTTI i disegni di Lorenzo" mi ero detta, e lui nemmeno se ne sarebbe accorto, se non avessi fatto quella leggerezza di dimenticarmi di svuotare il cestino del bagno.

"Che idiota che sono", ho pensato.

Lui intanto ha iniziato a piangiottare e a chiedermi perché avevo buttato via il suo disegno: era affranto.

*"Che mamma pessima"*, ho pensato.

Ho cercato di essere sincera: gli ho detto che avevo tolto un po' di disegni dalla cabina armadio per poterne poi attaccare degli altri. Mi ha guardato con il broncio e poi ha concluso: "Non si fa".

In effetti l'avevo tradito. Non si fa. A un bambino una cosa così non si fa, non si buttano via i suoi disegni o quantomeno non si dimenticano accartocciati nel cestino!

Gli ho chiesto scusa e ho ribadito la mia necessità di fare spazio. Non so se abbia capito il mio punto di vista, se sia reso conto che ero veramente dispiaciuta, fatto sta che mi ha abbracciato. E così, in una manciata di secondi, avevamo fatto pace, tutto era tornato come prima. Fosse successo con un'amica o con un familiare, probabilmente avremmo rotto ogni rapporto per dei mesi. Lorenzo invece, come tutti i bambini, non cova rancore, sa perdonare. Con quel semplice gesto mi ha insegnato che la nostra relazione va al di là di uno sbaglio, che quattro anni di presenza, di condivisione, di discussioni, di amore, di cura non si buttano via come un disegno vecchio.

Non so se io sarei stata capace di un gesto così con un mio coetaneo, probabilmente no, però il suo è stato un grande insegnamento.

Imparare a perdonare è fondamentale e difficilissimo al tempo stesso: spesso ci mettiamo una vita a perdonare chi ci ha fatto soffrire, a volte lasciamo la terra senza farlo. Però il nostro bambino interiore sa farlo, va all'essenza delle cose, e, al momento giusto, possiamo cercare di ricordarci di lui.

# La meditazione camminata
(Alberto)

Domenica mattina sono andato a fare una piccola passeggiata con Lorenzo, che ora ha due anni e mezzo. Siccome non sono molto alto, riesco a dargli la mano e camminare con lui senza neanche dovermi piegare (troppo).

Però ho dovuto modificare qualcosa della mia normale andatura: la velocità.

Camminare con un bambino piccolo ci insegna a rallentare.

Ricordo che da ragazzo agli scout avevo imparato che "il gruppo va alla velocità del più lento: ci si aspetta e si cammina insieme".

Per me non è mai stato facile: non ho mai amato camminare, allora cercavo di farlo velocemente per arrivare alla meta e togliermi il peso di quella, per me noiosa, attività.

Con Lorenzo sono stato costretto a rallentare e mi sono detto: "Alberto, dove devi correre? In fondo non dobbiamo andare da nessuna parte in particolare, non abbiamo appuntamenti da rispettare: non vedi Lorenzo com'è tranquillo?".

Mi è venuta in soccorso una pratica appresa negli ultimi anni: la meditazione camminata, insegnata dal maestro zen Thich Nhat Hanh, ed ho deciso che era un ottimo momento per "esercitarmi".

Rallentando per tenere il passo di Lorenzo ho cominciato ad apprezzare il prato morbido del parchetto dove stavamo camminando ed ho scoperto una cosa che sembra incredibile: anche se hai le scarpe, se ti concentri sui passi senti l'erba anche attraverso la suola!

Poi ho notato gli alberi alti che ci circondavano, il cinguettio degli uccellini nascosti tra le poche foglie rimaste nei rami, le voci dei bambini che giocavano lì vicino, la freschezza dell'aria invernale ed il calore del sole quando filtrava dalle fronde degli alberi.

E' stato come ricominciare a respirare, riprendere fiato, risvegliarmi da un torpore, da un'apnea in cui ero immerso, un flusso di pensieri che mi faceva galleggiare in un mondo non reale, non fisico,  tutto sommato, non esistente.

Ho ringraziato mentalmente Thay per avermi trasmesso la tecnica della meditazione camminata e Lorenzo per avermi ricordato di praticarla, per tenermi la mano e per avere pazienza con me.

Credo che Lorenzo conosca già quella pratica, nessuno gliela ha mai 'insegnata', ma viene naturale a tutti i bambini camminare lentamente ed osservare quello che c'è intorno!

# Il contenimento

(Eleonora)


L'altra sera Lorenzo, tre anni, era a letto da circa un'ora, mentre Alberto ed io stavamo lavorando ai nostri progetti in sala, quando a un certo punto l'ho sentito piangere.

Ho chiesto ad Alberto: "Si è svegliato?"

Lui: "Sì."

Io: "Dai vado io".

Mi sono alzata e sono andata in camera. Lorenzo era seduto sul letto che singhiozzava, aveva il respiro affannoso forse anche per il raffreddore, farfugliava mentre cercava di riprendere fiato: ho cercato di dire qualcosa ma mi mandava via con la mano, forse stava ancora sognando.

Era talmente agitato che subito ho empatizzato con lui, agitandomi anch'io: "Sta male? Ha la febbre? Sta soffocando? Deve vomitare?".

Poi ho fatto un respiro cercando di calmarmi, l'ho preso in braccio, gli ho chiesto se voleva andare dal papà: certe volte Alberto è più bravo di me a calmarlo e forse era un mio tentativo sbrigativo per togliermi da quella situazione difficile.

Lui piangendo ha detto "Nooooo, mammaaaaaa!!!!".

Allora ho iniziato a passeggiare su e giù per la stanza come quando era un neonato sussurrandogli che adesso passava tutto. Probabilmente aveva fatto un brutto sogno.

Passeggiavo e lo cullavo, e così facendo contenevo lui e me.

Poco dopo si è calmato, gli ho chiesto se voleva venire di là in sala con me, lui ha detto di sì, così sono andata a sedermi con lui sul divano. Alberto lì a fianco scriveva al computer ignaro di tutta la vita che era avvenuta in quei pochi minuti. Me lo sono tenuto in braccio beato fino a che si è addormentato.

Lì con lui accoccolato su di me mi sono sentita in pace. In una vera Pace.

Ho capito che questa volta ce l'avevo fatta, ero riuscita a contenere lui e me.

Contenere significa proprio questo: te lo insegnano i manuali di psicologia, di pedagogia, le scuole di Counseling, ma come te lo può insegnare un bambino non te lo insegna nessuno.

Contenere vuol dire empatizzare con chi soffre, ma anche sentire che tu stai soffrendo con lui, e poi vuol dire accogliere il tuo dolore e anche la tua impotenza, e accogliere il dolore dell'altro: il tutto in una manciata di secondi. E quando hai messo tutto dentro al tuo contenitore interiore questo si allarga, il tempo si dilata, e la sofferenza si trasforma in Pace, e poi in Amore, e tu hai fatto una piccola magia, la magia più preziosa.

# Chiedere permesso

(Alberto)

Ieri sera siamo andati in pizzeria.

Io ho ordinato una pizza al prosciutto crudo mentre a Lorenzo abbiamo preso una "Margherita Baby".

Quando è arrivata la pizza di Lorenzo gliel'ho tagliata in 8 fettine per far sì che si raffreddasse più velocemente e per permettergli di mangiarla (a tre anni e mezzo non ha ancora la licenza per maneggiare il coltello).

Dopo venti minuti io avevo già finito la mia pizza, mentre Lorenzo era circa a metà del suo piatto.

Ho cominciato a guardare con ingordigia la pizza che stava avanzando. Così gli ho chiesto se potevo mangiarne una fetta e mi ha detto di sì.

In un lampo me la sono spolverata e poi, ancora affamato, ho pensato:

*'Bé anche se gliene mangio un'altra non faccio niente di male... tanto Lorenzo mica ce la fa a finirla tutta!'.*

Così, mentre era distratto a guardare il lago, senza dire nulla, gliene ho presa un'altra fetta ed ho iniziato a sgranocchiarmela.

Lorenzo improvvisamente si è girato, mi ha squadrato ed ha detto: "Perché mi hai preso un'altra fetta di pizza?".

Non ci voleva un genio per capire che la pizza che mi stavo mangiando veniva dal suo piatto visto che il mio era vuoto da parecchio.

In imbarazzo, come un ladro che ha rubato un pacchetto di gomme da masticare in un minimarket, sono rimasto senza parole (e con la bocca piena).

Lorenzo ha visto il mio sguardo che era un mix fra il pentito e l'imbarazzato, mi ha fissato negli occhi e, un po' severo ma tranquillo, mi ha detto:
"Non si fa."
Era serio come se fosse stato lui mio padre.
Sommessamente ho pronunciato l'unica parola che mi sembrava sensata: "Scusa".
Ha continuato a guardarmi ed ha annuito con la testa, senza sorridere, come se avesse pensato: *Papà mi sembra sincero, forse ha imparato la lezione*.
E poi è tornato a guardare il lago, mangiando la sua Margherita Baby.

# Il braccialetto magico

(Eleonora)

Ieri ero proprio giù di morale: sono due mesi che sto cercando una colf/ babysitter che mi aiuti in casa in vista dell'arrivo della bambina. Ne ho già provate tre, oltre ad avere fatto vari colloqui, ma per un motivo o per l'altro alla fine le cose non sono andate bene. Dopo l'ultimo tentativo fallito mi sono ritrovata a dover pensare di ricominciare da capo con la ricerca.

La sera io e Lorenzo (4 anni) eravamo soli a casa, Alberto era in piscina, e dopo avere passato un'ora al telefono con una mia amica, e Lorenzo a guardare i cartoni in tv, abbiamo cominciato i preparativi serali. Mentre eravamo in cucina davanti a dei biscotti, e a un po' di latte di riso, Lorenzo mi ha guardato e mi ha chiesto: "Mamma che regalo vuoi da chiedere al mio braccialetto?".

Lorenzo porta al polso un braccialetto di filo, che gli ha regalato un venditore Senegalese quest'estate in spiaggia: avevo comprato due cesti africani molto belli per riporre i giochi e il signore ha regalato un braccialetto a Lorenzo.

Si dice che quelli siano i braccialetti dei desideri.

Ricordo che da adolescente li portavo spesso: ogni nodo che facevo per legarlo al polso potevo esprimere un desiderio. La regola era che non dovevi mai togliere il braccialetto: quando si rompeva da solo allora si esaudivano i desideri. Molti dei miei desideri si erano magicamente avverati: "chiedi e ti sarà dato"!

Così avevo detto a Lorenzo che quel bracciale era magico e che poteva esprimere dei desideri. Da tre mesi tutti i giorni lui esprime i desideri più disparati:

giocattoli che vede nelle pubblicità in tv, magliette taglia 4 anni con spazzolini parlanti, aquiloni con la foto sua, della mamma e del papà abbracciati, case di cioccolato, e chi più ne ha più ne metta.
Forse ieri sera mi aveva visto triste e affranta e, per tirarmi su, voleva farmi un regalo.
Gli ho sorriso e ho detto: "Non saprei".
Lui ha proseguito: "Non so un oggetto, un regalo..."
Allora ho risposto: "Beh vorrei un telefono nuovo... e poi, mmm, non è un oggetto, però vorrei una babysitter brava e affidabile!"
"Cosa vuol dire affidabile?"
"Che sia brava, che le piaccia il lavoro, che rimanga a lavorare qui per un bel po' di tempo..."
Mi ha guardato e mi ha chiesto se allora avremmo dovuto mandare via l'attuale babysitter e gli ho spiegato che purtroppo pensavo di sì, che, per varie ragioni, non poteva restare.
Poi ho mangiato un biscotto e mi sono persa a fissare il vuoto.
A un certo punto mi volto e vedo Lorenzo, chino sul suo polso, con la bocca appoggiata al magico pezzo di stoffa, che sussurra: "Affidabile..."
Il cuore si è aperto e ho capito cosa vuol dire quando qualcuno ti vuole bene: "vuole il tuo bene" e farebbe di tutto perché tu sia felice.
L'ho baciato e ringraziato molto, poi piano piano ci siamo avviati verso la camera da letto.

# Il terzo Addestramento: Vero Amore

# Sembri una principessa

(Eleonora)

È paradossale, difficile a credersi, ma avere un figlio maschio ti può aiutare a guarire alcune ferite lontane.

È anche un po' buffo poter dire che un bambino di due anni e mezzo, quasi tre, possa trasformare idee e giudizi negativi riguardo a certi canoni estetici, eppure per me è stato così.

Ma facciamo un passo indietro: io ho da molto tempo due parti, una vanitosa, attenta all'aspetto fisico che si è sempre sentita bella e desiderabile, e una opposta che io chiamo un po' punkabbestia, che non ha voglia di lavarsi i capelli, che esce senza trucco, si mangia le unghie, si veste sempre con i jeans e una felpa: questa parte è un po' un maschiaccio, si considera bruttina e trasandata.

Verso i 13/14 anni ho cominciato a curare molto il mio aspetto fisico costruendo e sviluppando una parte narcisa che dava molto peso all'apparenza, per nascondere, dietro alla bellezza fisica, insicurezze ben più profonde e scarsa autostima.

Poi, verso i 28 anni, dopo aver iniziato un lavoro di crescita personale, ho cominciato a rinnegare quella parte attenta all'estetica e a giudicarla pesantemente come frivola, vuota, esibizionista, inutile. E così via via ho messo sempre meno i tacchi, ho iniziato a vestirmi meno femminile, a truccarmi poco tranne in alcune occasioni speciali in cui facevo emergere la parte polare e tornavo ad agghindarmi oltre misura.

E poi è arrivato lui. No lui non è mio marito (che ovviamente mi preferiva "tirata", ma che, per fortuna, mi ha sempre accettato anche punkabbestia), per lui

intendo Lorenzo, il piccolo maschio di casa. Quando Lorenzo ha cominciato a parlare ha iniziato ad apprezzare le volte in cui mi truccavo, mettevo il rossetto, dipingevo le unghie, in cui indossavo un vestito elegante, gli orecchini e sempre con la finezza di un bambino esclamava sorpreso:
"Oh che bello questo vestito, sembri una principessa!",
"Che belli quegli orecchini",
"Cos'hai messo sulle labbra? Bello!",
"Posso truccarti io, dai posso truccarti io!",
"Ti sei messa l'anello? Aspetta che te lo porto!",
"Che tesori preziosi che hai (i gioielli)".
E così mese dopo mese, senza farlo apposta, il mio piccolo ha iniziato a valorizzare in me una parte nuova che si prende cura di sé, che si ama, che sta attenta all'aspetto esteriore, ma che non deve per forza essere perfetta. Con gli occhi luminosi di un bambino mi ha insegnato che truccarsi e essere belle è anche un segno di amore per chi ti guarda, che non è per forza vanità o frivolezza, che la Bellezza è un valore.
In più Lorenzo, che è stato allattato fino al 13esimo mese di vita ogni santa volta che ne aveva voglia, è innamorato del mio seno e mi ha fatto capire in modo innocente che gli uomini grandi, così amanti di reggiseni in mostra e seni voluminosi, non sono dei maniaci perversi (quanto meno non tutti), ma sono dei bambinoni che vorrebbero coccole prima di tutto (chissà se queste fissazioni odierne non nascondono dietro proprio un bisogno estremo di affetto).
Oggi posso tranquillamente affermare che, grazie allo sguardo amorevole di mio figlio, curo giorno dopo giorno il mio bisogno di essere riconosciuta, bella e desiderabile.

Certo qualcuno potrebbe dire: "Per forza per lui sei bella, è tuo figlio e ti ama in modo incondizionato!".
Ma, in fondo, di cosa abbiamo bisogno noi tutti, se non di amore incondizionato?

# Padri 3.0
(Alberto)

Stamattina, come tutte le mattine, ho accompagnato Lorenzo (due anni e mezzo) all'asilo. Mentre mi allontanavo dopo averlo lasciato, ho visto un altro padre con una bambina in braccio che stava entrando: era alto come me, aveva la barba lunga come la mia, era abbastanza paffuto e soprattutto rideva e giocava con la piccola come se fossero a Gardaland.
Sei minuti prima io passavo nello stesso punto con Lorenzo in braccio e, se mi fossi visto da fuori, avrei assistito ad una scena identica.
Non so cosa rappresenta Lorenzo per me, ma so che quando torno a casa la sera e lui mi corre incontro gridando "Papà!" vivo il momento più entusiasmante della giornata. Lo prendo al volo e lo sollevo: in quei momenti il treno dei pensieri si ferma, deraglia, svanisce e rimaniamo solo io e lui uniti da un sorriso e una gioia che è un filo diretto tra il cuore e le labbra. Poi Lorenzo inizia a raccontarmi che ha giocato con i birilli, che ha letto una storia con la mamma, che oggi all'asilo si è rotto un bicchiere, che Giacomo Pulce (uno dei nostri due gatti) l'ha graffiato e mi fa vedere la mano ed io non riesco a togliermi la giacca e la cravatta perché non vuole scendere dalle mie braccia.
Mio padre non era così.
Magari non ricordo esattamente tutto quello che succedeva quando avevo l'età di Lorenzo, ma non era così. Mio padre ci ha avuto da giovane: aveva 26 anni quando è nato il primo figlio (mio fratello maggiore), 28 quando sono nato io e 32 quando è nata mia sorella. Era entusiasta e la vita gli sembrava ricca di sorprese e di

opportunità da cogliere. Era molto concentrato sulla sua realizzazione, ma non l'ha mai raggiunta, ed ha trascorso tutta la vita lottando con le sue ombre. Per questo ha trascurato molto noi e nostra madre, tanto che alla fine il disordine della sua vita gli ha portato via anche il matrimonio e la famiglia. Questo però non gli ha mai impedito di ripetere sempre e solo una cosa a me, mio fratello e mia sorella: "Voi siete meravigliosi, siete la cosa più bella che ho fatto nella mia vita!" e vedendo il resto non era difficile credergli. Quelli comunque erano i suoi momenti più autentici, lo dicevano i suoi occhi e il suo cuore. Anche se sentiva il peso del nostro giudizio per la sua vita sregolata, ci ripeteva sempre la stessa frase:

*"Siete la cosa più bella che ho fatto!"*.

Quando incontravamo casualmente i suoi conoscenti, la prima cosa che ci dicevano era che nostro padre parlava sempre di noi.

Alla fine quella è la cosa che ho imparato ad apprezzare di più di lui e che me l'ha fatto vedere sotto una luce di amore, per fortuna, prima che se ne andasse.

Per questo non ho mai pensato razionalmente '*...Non sarò un padre come lui...*' perché avrei negato l'amore che, in qualche modo, ci aveva sempre riservato.

Tanti miei amici e coetanei sono diventati padri in questo periodo. Noto che siamo tutti uniti da un approccio che, pur con tutte le differenze, è molto simile: siamo una generazione di padri 3.0, di padri che cercano di essere presenti, di padri che amano e vogliono trascorrere il loro tempo con i loro figli, che cambiano il pannolino e fanno il bidet, che sanno preparare un biberon e si ustionano il dorso della mano per non rischiare di dar loro un latte bollente, che li apprezzano e si divertono a sdraiarsi nel lettone con loro, a raccontare storie, a far loro il solletico o farselo fare e a ridere con gioia insieme.

Mio figlio negli anni crescerà, il rapporto con lui cambierà, ma una cosa che ho imparato è che non dovrò mai dimenticare di ripetergli: *"Sei la cosa migliore che io abbia fatto nella mia vita!"*, anche quando sarà offeso o arrabbiato con me.

In qualche modo, il suo cuore, mi sentirà.

# L'anniversario

(Eleonora)

Questo weekend l'abbiamo passato sul lago: avevamo un giorno in più (venerdì) per il ponte del 2 giugno che è anche l'anniversario di matrimonio mio e di Alberto.

Una volta facevamo dei bei festeggiamenti per le ricorrenze, poi, da quando è nato Lorenzo, tutto è un po' passato in secondo piano. Però stavolta eravamo contenti perché il tempo era bello e si stava tutti insieme nella nostra casetta nuova sul lago. Qualche giorno prima avevo deciso di andare a prendere un regalo per Alberto, un piccolo pensiero, ma da tirare fuori al momento giusto, come una sorpresa. Gli avevo preso una maglietta e un portafoglio, anche se ero un po' titubante perché lui ha una strana dinamica con i regali: non gli piace quasi niente di quello che gli compri e finisci quasi sempre per andare a cambiarlo. Decido però di "mettermela via": anche se lo cambierà avrò comunque preso qualcosa.

La sera arriviamo sul lago, Lorenzo va a dormire presto e io e Alberto iniziamo a litigare. In questo periodo è molto stanco e nervoso per le sue solite questioni lavorative e io pure sono stanca e non riesco a farmi scivolare le cose addosso. Così la lite si fa sempre più furiosa, finché, a un certo punto, gli chiedo se almeno mi ha preso un regalo per l'anniversario di domani. Dice di no, e cercando di arrampicarsi sugli specchi, dice che l'avremmo preso insieme il giorno dopo.

Anni fa gli piaceva andare in gioielleria e prendermi un braccialetto, un ciondolo, qualcosa che avesse un significato per l'anno che stavamo festeggiando: il primo anno era un ciondolo con un 1, il secondo un bracciale con due pendagli, il terzo un pendente con bambino d'oro perché era nato Lorenzo, il quarto un ciondolo quadrifoglio, il quinto una stella marina a 5 punte, e il sesto... niente!

Così ho iniziato a entrare in una bolla emotiva a dirgli che non gliene frega più niente di noi, che non ha trovato nemmeno 5 minuti di tempo da dedicare a me, che aveva un anno per pensarci, che al compleanno le rose mi sono arrivate il giorno dopo e chi più ne ha più ne metta.

Ero una iena.

Così siamo andati a letto senza nemmeno darci la buona notte, io voltata da una parte, lui dall'altra.

La mattina alle 7 si sveglia Lorenzo e viene tutto "coccoloso" nel lettone. La dormita mi aveva fatto bene, ero un po' più tranquilla, anche se ero ancora arrabbiata con Alberto. Dico a Lorenzo che se vuole può dare lui il regalo che ho fatto al papà per il sesto anno di matrimonio perché io sono arrabbiata con lui visto che non mi ha comprato niente.

Lorenzo guarda Alberto allibito:

"Perché non hai preso niente alla mamma?"

Lui, vergognandosi, dice che l'anniversario è oggi e che lo andrà a prendere dopo.

Lorenzo mi guarda rincuorato:

"Hai visto mamma, il papà te lo va a prendere!"

Poi guarda il papà: "Dai vai a prendere il regalo alla mamma!"

Lui gli risponde che è presto, che i negozi non sono ancora aperti.

Lorenzo è tranquillo, per lui il tempo non esiste: il papà andrà dopo, il problema è risolto.

Diamo ad Alberto il mio regalo che stranamente gli piace.

Rimango di sasso, stupita e affascinata da come Lorenzo, con la sua semplicità, abbia già assolto suo padre e ristabilito, in qualche modo, il buonumore nella coppia.

Non mi era certo passata l'arrabbiatura, ma la leggerezza di Lorenzo, la sua capacità di perdonare, di voltare pagina per me è stata un grande insegnamento. Potevo scegliere se perdonare Alberto, e godermi comunque il weekend sul lago, o se rimanere imbronciata e offesa, come avrei sicuramente fatto in passato, e rovinare la giornata a tutti.

Non è stato facile, ma grazie a Lorenzo quel giorno ho scelto di lasciare correre, di guardare il mondo con i suoi occhi, dove tutti sono buoni e i problemi si risolvono con uno schiocco di dita.

E poi verso sera ho ricevuto il mio regalo e abbiamo cenato tutti e tre in un bel ristorantino fronte lago!

# Rispecchiamento

(Alberto)

L'altra sera stavo parlando al telefono e mi hanno chiesto quand'è che sento maggiormente l'emozione della gioia in questo periodo. Senza esitazione ho risposto: "Quando vedo Lorenzo!"
Una risposta che è venuta dal cuore, non ne conoscevo le ragioni razionali, anche perché la gioia, come tutte le altre emozioni, by-passano il cervello! Eppure delle ragioni ci sono, e, andando avanti con la conversazione, sono emerse poco a poco. Raccontavo al telefono che quando gioco con Lorenzo le mie "maschere" crollano.
Anche se sono convinto di non avere maschere, alla fine, nel bene e nel male, ne ho diverse che mi accompagnano durante la giornata e che cambiano con il cambiare dei ruoli che ricopro nella vita: la mattina quella del cliente quando faccio colazione al bar, durante il giorno, in ufficio, quella del bancario, la sera quella del marito quando sto con mia moglie o quella dello "scocciato" quando mi chiamano i call-center sul cellulare per vendermi qualcosa che non mi interessa.
Bene, quando guardo Lorenzo tutte quelle maschere crollano, e mi ritrovo a giocare con lui con la parte più autentica di me. Non devo apparire diverso da quello che sono, a lui vado bene così, posso essere me stesso, tranquillo, libero, e lui è contento di avere un padre con cui giocare, un padre presente, un padre che è lì per lui e che lo guarda come se fosse la cosa più bella del mondo.
E qui avviene la magia.
Perché quando guardo così mio figlio, quando gioco con lui senza maschere e vedo che lui è contento, mi

arriva un messaggio dritto al cuore: "Alberto, vai bene come sei, lui ti accetta spoglio di maschere, di modelli, accetta la parte più vera e sincera di te".

Avviene una sorta di 'rispecchiamento' al contrario: sono io che mi vedo negli occhi di Lorenzo.

Normalmente si parla dell'importanza del "rispecchiamento" da parte dei genitori verso i figli: quando il neonato vede la mamma che sorride, non comprende ancora la separazione fra lui e la madre e pensa di essere lui a sorridere. Per questo, fin da appena nati ed anche man mano che crescono, è importante che i genitori rimandino quello che "i figli sentono": se un figlio è arrabbiato, il genitore, con gentilezza, deve chiedere come mai si sente arrabbiato, in questo modo aiuta il figlio a riconoscere l'emozione della rabbia. Così i genitori devono fare per tutte le emozioni dei propri bambini, in modo da aiutarli a comprendere meglio se stessi.

Con Lorenzo ho scoperto che tale "rispecchiamento" lo fanno i figli con noi: rispecchiano i genitori come sono e, con il loro amore incondizionato, ci ricordano continuamente che andiamo bene così come siamo, con la parte più autentica e semplice di noi.

# Il mio tesoro

(Eleonora)

In questi ultimi tre giorni io e Lorenzo siamo stati molto insieme perché da giovedì era malato e non è andato all'asilo. Come se non bastasse Alberto è stato a Milano due giorni, quindi siamo rimasti a casa io e lui.

Rimanere "io e lui" non è facile, cioè da una parte è normale, lo facciamo veramente spesso, però l'idea di fare anche la notte da soli per me è dura.

Ho vissuto 8 anni da sola a Milano, ma da quando è nato Lorenzo sono cambiate tantissime cose: sono molto diversa e sto affrontando tutte le mie parti impaurite e bambine che vengono alla luce quando ci si deve occupare di un piccolo.

Fatto sta che questi giorni li abbiamo superati bene, sento che sono riuscita, in qualche modo, a contenere me stessa, oltre che a prendermi cura di lui.

Ora che ha tre anni e mezzo poi è più facile perché è più consapevole e anche più collaborativo.

Ci sono delle volte però che lo sgrido parecchio perché devo, o voglio, fare altro che non sia giocare con lui (come ad esempio mettere a posto la casa, cucinare, fare una telefonata) e lui, per attirare l'attenzione, fa tutto quello che non deve fare: inseguire la gatta per la casa con una spada in mano, tirare giochi appiccicosi sul muro, chiamarmi ininterrottamente per 4 minuti di fila mentre parlo al telefono. In quei momenti mi sento in colpa e mi chiedo: "Ma non sbaglierò a continuare a dirgli di smetterla, a dirgli di NO che non si fa?". Il fatto è che può anche essere che io sbagli, ma non ho grandi alternative: faccio quello che posso con i mezzi che ho, come fanno tutti, del resto. Di una cosa però sono certa:

amo quel bambino, lo amo con tutto il cuore, perché è la cosa più meravigliosa che conosca. Lo amo tanto che quando lo vado a prendere all'asilo, e lo vedo lì tra tanti bambini, mi si illuminano gli occhi, che quando dorme starei ore a fissarlo nella sua beatitudine massima, che quando mi racconta i sogni, o le sue congetture filosofiche, lo ascolto veramente con grande attenzione perché sono interessatissima a quel che gli passa per la testa e perché mi diverto molto.

Ieri, tornato Alberto dalla trasferta milanese, ne abbiamo approfittato per fare un po' di commissioni arretrate. Essendoci suo papà, mi sono "liberata" del rapporto simbiotico degli ultimi giorni, e sono stata meno dietro a Lorenzo. Arrivata l'ora di dormire lui era stanchissimo e aspettava che io arrivassi a letto per addormentarsi, ma io, come sempre succede, sono l'ultima a essere pronta. Quando finalmente mi sono sdraiata a fianco a lui, mi ha preso la testa appoggiando la sua fronte contro la mia e ha detto:

"Ecco il mio tesoro! La mamma è il mio tesoro!"

Gli ho dato un bacio felice, ma subito una voce nella mia mente ha iniziato a blaterare: "L'avrà detto così per dire, l'avrà sentito in qualche cartone, non saprà quello che sta dicendo". Insomma tutta una serie di frasi svalutanti nei miei confronti. In una manciata di secondi però ho riconosciuto quelle voci, e ho cercato di prenderne distanza, ho cercato di godere del momento e basta.

Poco dopo, quando Lorenzo già dormiva, mi sono alzata e, mentre ero sul divano a chattare con qualche amica notturna come me, ho riflettuto sull'effetto di quelle parole. Perché io non posso essere un tesoro per lui, se ho la certezza massima che lui lo sia per me?

Perché non posso essere un tesoro in generale? Sono fatta della stessa materia di cui è fatto Lorenzo, e allora perché io non posso considerarmi Amore?

C'è una citazione famosa di Nelson Mandela che dice: *"Chi sono io per essere così brillante, così grandioso? Pieno di talenti, favoloso? In realtà chi sei tu per non esserlo? Tu sei un figlio di Dio."*

Questo è un po' quello che mi sta insegnando mio figlio oggi: se io vedo tutta questa Luce in lui questa Luce è anche in me, se sarò in grado di vederla anche in me, potrò risplendere di più e amare di più, non solo Lorenzo, ma tutti gli Esseri.
In una frase, un bambino, ti può svelare il significato della vita.

# Andare all'asilo
(Alberto)

Da quando ha 2 anni, accompagno Lorenzo all'asilo tutte le mattine.

Lo accompagno all'asilo e poi vado in ufficio a lavorare. Accompagnare tuo figlio all'asilo potrebbe essere vissuto come una di quelle cose noiose e ripetitive che si devono fare tutti i giorni, quegli spostamenti che ci fanno mettere la sveglia parecchi minuti prima di quanto sarebbe necessario e che ci rubano preziosi momenti di sonno.

Eppure quello per me è uno dei momenti più belli della giornata.

Eleonora si sveglia con noi, prepara e veste Lorenzo, poi gli dà il latte, due biscotti e un bacino che lo accompagnerà fino alle 16.30, ora in cui andrà a prenderlo.

Da quando Lorenzo saluta la mamma e fino a che non lo lascio con le maestre dell'asilo inizia un piccolo viaggio tutto nostro che, pur nella sua brevità, cambia sapore tutti i giorni, seguendo il mutare delle stagioni, del tempo, dell'età e dei nostri umori del mattino.

La partenza è sempre la stessa: lo prendo in braccio al primo gradino fuori dalla porta di casa e scendo i due piani di scale con lui mezzo addormentato sulla mia spalla.

Mezzo addormentato, perché è abbastanza sveglio da tenere le mani ben serrate per non far cadere i biscotti che mangerà in macchina.

Saliamo in auto ed io, come un DJ in una trasmissione radiofonica, metto qualche canzone che ci piace come sottofondo e intanto commentiamo a voce alta la giornata, il sole, il cielo, le nuvole e quello che vediamo attraverso il parabrezza: dalle montagne innevate in inverno ai vigneti coperti di foglie d'estate, dagli uccelli che si fanno cullare dai venti ai getti della nuova fontana che c'è prima dell'ospedale.

A Lorenzo piace anche molto il ghiaccio che si forma sui vetri d'inverno e soprattutto il raschietto con cui lo tolgo.

Dopo aver parcheggiato davanti all'asilo, camminiamo ancora un pochino e attraversiamo il prato del cortile dove giocherà con gli altri bambini più tardi: intanto mi racconta della giostra dove va con Ale e Or, delle biciclette che non usa perché sono troppo veloci, e del fumo che esce dal piccolo camino sul tetto dell'asilo (in tanto tempo non abbiamo ancora capito se è il fumo della cucina o del riscaldamento).

L'avventura sta per terminare quando entro all'asilo e mi metto i sovrascarpe di plastica blu per non sporcare il parquet dove i piccoli giocano e procedo con gli ultimi preparativi: via giacca, berretto e sciarpa, via le scarpe e al loro posto calze antiscivolo.

Eccolo pronto.

E' pronto per una nuova giornata con le maestre e i compagni di gioco: posso andare.

Lo saluto.

Mentre esco lui sta fermo in piedi, mi guarda sorridendo e scuote la mano destra con un ciao che va avanti anche quando sono uscito dalla porta a vetri.

Lo guardo da fuori e lui è sempre lì che mi saluta.

Non me ne andrei mai.

Faccio finta di essere deciso, gli volto le spalle e me ne vado come se qualcuno mi chiamasse con urgenza, ma in realtà non sento nessuna voce che pronuncia il mio nome.
Portare Lorenzo all'asilo è una pratica di felicità mattutina.
Un momento nella relazione con mio figlio che per me ha un valore inestimabile.
Pensavo di essere un po' strano ad affezionarmi a un momento tanto semplice, ripetitivo e routinario.
Poi un giorno, arrivato in ufficio, si discuteva con un mio collega delle persone che lavorano in una città diversa da quella dove hanno la famiglia. Gli confessavo che io non potrei lavorare in un posto lontano da mia moglie e perdere quei piccoli riti quotidiani che rendono la vita degna di essere vissuta. Lui mi guardava ed annuiva e ad un certo punto mi ha detto che lui tutte le mattine accompagna i figli a scuola a piedi, ora solo il più piccolo perché la grande va da sola, e per lui quel momento è bellissimo. Anche andare un giorno in trasferta che lo priva del piacere di accompagnare il figlio a scuola per lui è un peso. Dopo questo colloquio mi sono sentito meglio.
Pensavo di essere l'unico "family addicted", invece ho scoperto che siamo almeno in due nella mia azienda.

Possiamo sempre scegliere l'atteggiamento con cui facciamo le cose di tutti i giorni. Da una parte possiamo vivere le attività come accompagnare i figli all'asilo, andare a lavoro, fare la spesa come momenti noiosi che dobbiamo compiere per "mandare avanti l'esistenza".

Dall'altra possiamo comprendere che lì dentro è nascosta l'esistenza. Possiamo quindi scegliere di vivere questi momenti come occasioni uniche in cui coltivare le nostre relazioni, rimanere in ascolto di noi stessi e degli altri, essere presenti, scoprire qualcosa di nuovo ogni volta.

Vivere la vita con questa presenza è come piantare dei semini e dargli l'acqua tutti i giorni: senza rendercene conto pian piano sentiremo crescere l'emozione della gioia dentro di noi.

Sento che il legame con mio figlio si rafforza sempre di più, e un piccolo viaggio che potrebbe sembrare banale, diventa un dono meraviglioso.

# Il Buddha bambino

(Eleonora)

Ieri mio papà mi ha regalato una statuetta con un Buddha bambino rannicchiato in posizione fetale. L'ha trovato a un mercatino dell'antiquariato e me lo ha preso perché sono incinta e tra meno di un mese nascerà Luce, una sorellina per Lorenzo.

Da un po' di tempo io e Alberto continuiamo a litigare: io sono stanca e stufa per via della gravidanza, lui è molto nervoso per delle situazioni lavorative che stanno accadendo in banca, così anche sta mattina iniziamo la domenica discutendo.

A un certo punto vado in camera e mi sdraio sul letto, Lorenzo (4 anni), che ha provato più volte ad attirare la nostra attenzione per farci smettere di litigare, mi viene vicino, e mi dice che è molto bello quel Buddha bambino che mi ha regalato il nonno. Poi mi chiede chi è Buddha. Gli dico che è un uomo che è vissuto tanti anni fa in India, che era talmente saggio che ancora adesso le persone lo pregano affinché lui le aiuti a risolvere dei problemi, e magari gli chiedono anche dei consigli. Lui mi dice: "Allora tu lo devi pregare perché ti faccia fare la pace". Io lo guardo stupita e, anche se avevo già capito che cosa intendeva, gli chiedo: "La pace?".

Lui: "Si, con il papà!".

Rimango un attimo in silenzio ancora infastidita con Alberto, poi dico a Lorenzo che non è che stavamo proprio litigando, ma più che altro discutendo (frase che mi dicevano sempre i miei genitori quando ero piccola). Lui mi dice che stavamo litigando perché alzavamo la voce. Mi sento in colpa perché so che ha ragione e che per un bambino sentire i genitori che litigano è veramente una sofferenza.

Poi Lorenzo si alza e va vicino alla cassettiera dove sopra ci sono un Buddha grande e davanti ho messo il Buddha bambino. Congiunge le mani al petto in segno di preghiera (cristiana) e dice qualcosa tipo: "Buddha fa che la mamma e il papà facciano pace".

Siccome non prego io, lo fa lui per me. Touché. Mi sento sempre più inadeguata di fronte ad una lezione di così alta spiritualità.

In quel momento passa Alberto, butta un occhio in camera, mi chiede cosa sta facendo Lorenzo, gli dico che sta pregando il Buddha affinché io e lui  facciamo pace, poi vado in cucina a riempire la lavastoviglie. Lui entra in camera e dice a Lorenzo qualcosa del tipo che se anche litighiamo ci vogliamo bene lo stesso.

Quando non hai figli pensi che non farai mai passare a loro quello che ti hanno fatto passare in famiglia i tuoi genitori, poi la vita va diversamente, e anche se ce la metti tutta molte volte cadi negli stessi errori.

Ho cercato il lato positivo della faccenda, anche se mi sento ancora così in colpa che faccio fatica a trovarlo. Mi sono detta che ho un bambino speciale, e mi sono consolata pensando che se lui si sente libero di poter parlare con me e suo padre di tutto, anche delle litigate, forse qualcosa di buono, nonostante gli errori, è stato fatto.

# Il Quarto Addestramento:
## Parola Amorevole e Ascolto Profondo

# Lo scivolo rosso

(Alberto)

Siamo al parco giochi.

Lorenzo, quasi 4 anni, sale su un asse di legno che ha delle asticelle che fungono da gradini, poi c'è una corda a cui ci si può aggrappare ma lui non la usa: preferisce tenersi alle asticelle con le mani. In questo modo il baricentro è basso e per lui effettivamente è più facile salire.

Io non fiato.

Sono convinto che se li lasci fare, i bambini ascoltano se stessi e da soli trovano il loro miglior equilibrio.

Così Lorenzo, pian piano, riesce a salire l'asse, arriva in cima dove c'è una casetta e poi scende dallo scivolo rosso.

Gli piace e vuole rifarlo.

Quando torniamo all'asse di legno per la risalita c'è già un altro bambino della sua età con sua madre e suo papà vicini.

La madre dell'altro bambino comincia a dire a suo figlio *dove deve mettere i piedi*, mentre il padre gli ripete *che deve usare la corda*, gli dicono *che deve salire stando dritto*, lo incitano continuando a dirgli *cosa deve fare coi piedi, con le mani*, finché, a un certo punto, al bambino scivola un piede e rimane penzolante dalla corda come uno di quei prosciutti crudi appesi nelle cantine per farli invecchiare.

I genitori del bambino, fin dal primo passo che il piccolo ha fatto sull'asse di legno, erano in ansia e in preda alla paura. Avevano paura che il loro figlio non fosse in grado di salire, la paura che cadesse, la paura che non salisse come "bisognava fare" (secondo loro)...

e alla fine il piccolo non è riuscito a salire da solo ed è scivolato: ha inconsciamente assecondato le loro paure!

Siamo tutti apprensivi, siamo apprensivi con le persone che amiamo, la sorella o il fratello più piccolo, la mamma o il papà anziano, i figli che vanno in giro per il mondo: è normale.

Non è facile trattenersi da un'istintiva tendenza di "super-protezione" verso le persone alle quali vogliamo bene, ma è fondamentale permettere agli altri di fare esperienza.

Anche Lorenzo la 4ª volta che è salito è scivolato lungo come una biscia. Per fortuna non si è fatto nulla, io ero lì a mezzo metro che lo guardavo ed ero pronto a intervenire. Non ha pianto: mi ha guardato, ha visto che c'ero, ha sorriso ed ha ricominciato a salire riuscendoci di nuovo.

Tutti abbiamo il diritto di sbagliare, di cadere, e di rialzarci, e, a ben vedere, è l'unico modo che ci consente di crescere ed evolverci.

Certo, meglio se le persone che ci amano ci sono vicine, con lo sguardo quando siamo piccoli, magari con una telefonata quando siamo più grandi.

E' grazie alle esperienze di vita, quelle belle e quelle difficili, che abbiamo la possibilità di maturare, di diventare grandi, e di imparare a trattare sempre meglio noi stessi e gli altri.

# *Non hai capito!*

(Eleonora)

Oggi sono andata a prendere Lorenzo (quasi 4 anni) all'asilo, con la macchina nera, che era stata parcheggiata 5 ore al sole, e con una temperatura esterna di 40 gradi.

Torniamo a casa provati, e lui si lamenta per qualsiasi cosa: camminare, salire e scendere dalla macchina, ha caldo, ha sete, ha fame, e sembra che io non ne azzecchi una… "Ma mammaaaaa!!!!!".

Con questo caldo Lorenzo non regge niente. Anch'io faccio fatica perché sono distrutta da questo clima e non ho pazienza: gli dico di darsi una mossa a camminare, che non lo prendo in braccio, che dobbiamo toglierci al più presto da quella fornace e salire in casa.

Arrivati dentro accendo l'aria condizionata e riesco a calmarlo dandogli un budino fresco al cioccolato. Ci sediamo in cucina. Io mi verso felice un bicchiere di the freddo. Siamo entrambi più tranquilli.

Lorenzo mi guarda e, indicando il mio bicchiere, dice: "Sembra billa".

Io dico: "Cosa?"

Lui ripete: "Sembra billa".

Provo a indovinare: "Una villa?".

Penso al fatto che spesso scambia la B con la V a causa della permanenza in tenera età con la babysitter filippina.

"Nooooooooo": si arrabbia.

Ho la testa fusa, proprio non ci arrivo.

Io riprendo a bere e lui a mangiare, in silenzio.

Mi guarda indispettito:

"Billa!!!!"

E io:
"Brilla?"
Lui diventa una iena:
"Ma insomma mammmaaaaaaaa, non capisci!!!!!"
Io gli dico che mi dispiace, proprio non capisco. Lui è
sempre più furioso. Poi provo a cambiare argomento
per alleggerire la tensione: parliamo dell'asilo, di amici,
di giochi.
Dopo 5 minuti mi guarda di nuovo sfidante:
"Sembra billa".
Io lo guardo facendo la vaga:
"Eh sì, hai ragione, ho capito".
Silenzio.
Lui mi guarda:
"Non hai capito."
No, ha ragione, non ho capito un bel niente e non ho
voglia di litigare. Come sempre mi ha beccata. Inizio a
ridere di un riso a metà tra l'isterico da stanchezza e il
divertito, rido, rido, non riesco a fermarmi.
Lui mi guarda di sottecchi con il cucchiaino in bocca e il
budino al cioccolato che cola, ride anche lui, ridiamo
insieme per cinque minuti in quella cucina a 40 gradi
davanti a un the freddo che non si sa a che cosa
assomigli per mio figlio.

La sera a cena racconto l'episodio alla mia amica
Morena e lei mi guarda sbalordita: "Birra! Il the freddo
assomigliava ad una birra!".

Sì, è vero, aveva ragione la Morena: quel bicchiere di
the freddo sembrava una bella birra ghiacciata ed io,
pur con tutte quelle che ho bevuto nella mia vita,
proprio non c'ero arrivata!

# L'erba voglio

(Alberto)

L'altro giorno Lorenzo, 3 anni e mezzo, finito di cenare, ha detto:
"Papá vieni di lá che voglio giocare!"
Poi si è fermato un attimo e si è corretto da solo: "Non si dice voglio…".
Mi ha anticipato perché avevo pensato la stessa cosa: 'Gli devo dire che non si dice VOGLIO'.
In quella frase auto-correttiva ho sentito un insegnamento che forse veniva dall'asilo. Noi non lo avevamo mai richiamato su quello.
Ho riconosciuto un imprinting che ho anche io, e che mi è stato trasmesso fin da bambino: quante volte mi hanno detto che non dovevo dire "voglio".
Ricordo che mia nonna quando le dicevo "Voglio vedere la televisione" oltre a non accendere la TV, continuava a sistemare la cucina ripetendo a voce alta un vecchio adagio: *"L'erba voglio non cresce neanche nel giardino del Re…"*.

Quando Lorenzo si è corretto rubandomi quasi le parole di bocca, una parte di me gioiva perché era quello che avevo sempre sentito dire.
Però da un po' di tempo c'è un'altra parte in me che è emersa vicino a questa, nata come al solito per complicare un po' le cose in quel difficile compito che chiamiamo "educazione", una parte che dá sempre più importanza alla manifestazione della VOLONTÀ.
Ormai mi è chiaro come la 'volontà' è una componente imprescindibile della nostra vita. La volontà è utile ad orientare le nostre azioni, a cambiare noi stessi e il

mondo, e ad essere veramente presenti sulla terra, consci del nostro scopo di vita ed in grado di perseguirlo.

La parola d'ordine della 'volontà' è una sola: "voglio".

Penso che questa castrazione operata chirurgicamente sulla parola "voglio", subita fin da bambini, sia una causa importante del nostro disorientamento. L'incapacità di esprimere la propria volontà, di comprendere e realizzare i propri desideri potrebbe venire proprio da lì.
Grazie alla volontà possiamo scegliere: scegliere dove andare, scegliere cosa provare, scegliere il giusto ed il meglio per noi, la direzione da seguire, le azioni da compiere, le persone giuste da frequentare.
Senza volontà non facciamo altro che rotolare dove ci porta l'inerzia o dove ci spingono gli altri, senza spirito critico, senza mettere in gioco quella scintilla di unicità che è in ognuno di noi.
Così sono intervenuto ed ho detto a Lorenzo che poteva dire "Voglio" tutte le volte che sentiva di dover esprimere un suo stato interiore o affermare se stesso, e allora andava bene dire "voglio giocare" se era quello che sentiva, o "voglio mangiare" se aveva fame, "voglio correre" se aveva bisogno di sfogarsi un po' fisicamente. La parola "vorrei" poteva essere utilizzata per desideri o per chiedere le cose alle altre persone, magari unita alla parola magica "Per favore".

Non è facile aiutare un piccolo a crescere, è un po' come correre al massimo della velocità sull'argine di un fiume, magari scivoloso e bagnato, un continuo gioco di equilibri dove non c'è la risposta giusta e quella sbagliata così come non si può separare nettamente il bianco dal nero.

Ogni "insegnamento" può essere giusto in un caso, ma sbagliato guardando la medesima situazione da un altro punto di vista.

Con Lorenzo ho capito che la verità non è tanto nel contenuto di una frase o di un'altra, ma è nascosta negli atteggiamenti.

Forse il lavoro di un genitore non è quello di indicare la via ai propri figli, ma di trasmettere loro i migliori strumenti che possano permettergli di trovare la loro strada. Ma come possiamo aiutarli a scoprire le loro inclinazioni (e a capirle noi stessi) se gli impediamo di esprimere la loro volontà?

# Via il pannolino!
(Eleonora)

A maggio, con la bella stagione, Lorenzo si avviava verso i tre anni e verso lo "spannolinamento", come si dice in gergo tecnico.

Un giorno all'uscita dell'asilo, la mamma di un suo amichetto mi dice che ha già tolto il pannolino: "Certo all'inizio è un disastro, ma si sa ci vuole pazienza, bisogna passarci".

Così presa dall'entusiasmo decido di togliere anch'io il pannolino a Lorenzo.

Effettivamente è un disastro: non si accorge proprio che si fa la pipì addosso e in due ore si bagna dieci volte. Il che per me vuol dire cambiare e lavare mutande e pantaloni tutto il giorno. In più spesso si mette a piangere perché per lui è umiliante farsi la pipì addosso.

A un certo punto mi chiedo: "Eleonora, aspetta un attimo, cosa stai facendo? Ma perché deve essere tutto così difficile?".

Decido allora di andare a spulciare su internet e scopro che una famosa puericultrice americana insegna a togliere il pannolino in tre giorni.

"Ok, brava, ma come fa?"

Fa la cosa più semplice del mondo: aspetta che il bambino sia pronto!

*"Se appena tolto il pannolino il bambino si fa la pipì addosso dieci volte rimettigli il pannolino e riprova tra un mese! Se di nuovo dopo un mese la fa dieci volte vuol dire che non è pronto, rimanda di un altro mese".*

Decido così di riavvolgere il nastro, di mettere via la mia parte perfezionista, la parte di mamma *"che suo figlio deve seguire le tappe prestabilite"*: decido di amare un po' di più lui e un po' di più me.
Rimetto il pannolino.
E immancabilmente, come sempre quando accetti e lasci andare, tutto fila liscio. Dopo due mesi, a luglio, nel giro di tre giorni togliamo il pannolino e gli incidenti di percorso sono pressoché nulli.

Ancora una volta mio figlio mi insegna a vivere.
Mi insegna che bisogna saper aspettare, bisogna seguire l'istinto e non le regole prestabilite, bisogna ascoltare se stessi, non gli altri.
I bambini crescono, è la Natura, arriva un giorno in cui mangiano le pappe, anche se non è per forza al sesto mese, che camminano, anche se non è per forza a un anno, che lasciano il ciuccio e il pannolino, che imparano a fare le scale senza mano, che parlano in modo corretto, arriva sempre quel giorno, e noi non dobbiamo forzare.
Dobbiamo invece saper ascoltare, e saper ascoltarci per capire quando è il momento giusto per noi e per loro.
Dobbiamo saper aspettare.
Penso che questo insegnamento non sia legato solo al crescere un bambino, ma che sia un insegnamento valido anche per noi adulti, perché anche noi abbiamo una parte piccola che non è sempre pronta a fare certe cose, e non va forzata. Dovremmo smettere di giudicarci dicendo che non facciamo abbastanza, che dovremmo fare di più, che così non andiamo bene. Dovremmo imparare ad accogliere le nostre parti fragili, le nostre debolezze, a guardarci con più

tenerezza e Amore. Andiamo bene così come siamo, come va bene un gatto, come va bene un fiore, come va bene il mare, come va bene un bambino. Impariamo a essere pazienti con noi stessi, solo così potremo crescere veramente.

# Lo sputo
(Alberto)

L'altra mattina stavo accompagnando in macchina Lorenzo (due anni e mezzo) all'asilo e, a un certo punto, ho sentito il bisogno di sputare, così ho abbassato il finestrino e l'ho fatto.

Mi sentivo un po' in colpa sia perché non è una cosa che faccio abitualmente e sia perché a Lorenzo ho sempre detto che si sputa solo nel lavandino. Speravo di aver fatto abbastanza piano da non essere sentito. Immediatamente Lorenzo mi ha chiesto: "Papà, perché hai tirato giù il finestrino?".

Nella mia mente si è fatto largo subito un pensiero seccante: "Forse mi ha beccato".

Una domanda semplice, innocente per un bambino, ma alla quale in quel momento non avevo nessuna voglia di rispondere: da una parte non volevo confessare il mio gesto e dall'altra non mi andava di raccontargli una bugia, visto che ho sempre cercato di dirgli la verità e spiegargli tutte le cose.

Alla fine mi sono detto: *'Vabbè Alberto dai, per una volta anche se non sei sincero non succederà nulla, e poi lo fai a fin di bene... per non dare il cattivo esempio!'*

Così, dopo una pausa quasi interminabile tra la domanda e la risposta, mi è uscito un: "Per cambiare un po' l'aria in macchina...".

Lui allora ha detto: "Non si sputa dal finestrino, si sputa nel lavandino".

Mi sono sentito come uno che esce da un supermercato e improvvisamente iniziano a suonare le sirene delle barriere antitaccheggio.

Anziché dargli un cattivo esempio gliene avevo dati due: sputo e bugia.

Fra l'altro mi sono anche sentito spodestato della mia bella aura di padre adulto che insegna al piccolo bambino come ci si comporta nel mondo.

Lui mi ha dato una lezione con la massima semplicità, senza neanche rimproverarmi.

Se avessi potuto avrei riavvolto il nastro e mai e poi mai avrei tirato giù di nuovo quel benedetto finestrino. Ma ormai, come si suol dire, le uova erano rotte nel paniere, anzi, più che rotte, spiaccicate ovunque, non rimaneva che farsi una bella doccia di umiltà e riprendere il dialogo, questa volta confessando il misfatto. Naturalmente, da buon padre orgoglioso e ben assestato sul suo piedistallo, prima di arrendermi ho provato un'ultima difesa: ammettere il principio ma non la colpa. Così ho detto: "Eh sí, hai ragione, non si sputa dal finestrino...".

L'ho detto come a riprendere una massima valida un po' per ogni contesto, tipo: "Non ci sono più le mezze stagioni..." o "D'autunno cadono le foglie...".

Ma con i bambini non è tutto così semplice.

Infatti lui ha aggiunto: "Allora perché tu hai sputato dal finestrino?".

GAME OVER.

Ormai era una certezza, mi aveva proprio visto.

A quel punto mi è venuto in ausilio uno di quegli insegnamenti appresi in tanti anni di vita: *Non negare l'evidenza...*.

Fra l'altro *Errare è umano, ma perseverare è diabolico*: un'altra bugia in due minuti e la mia credibilità sarebbe finita sotto gli stivali sporchi di fango di Peppa Pig.

Così ho detto a Lorenzo che ho sputato dal finestrino, che è una cosa che non si fa ed io l'ho fatta, ho sbagliato ma non lo farò più.

Non è facile essere coerenti con i propri figli, eppure quella è una delle poche cose che ci chiedono. Vorrei essere una persona che dice sempre quello che pensa, e che fa sempre quello che dice, ma, purtroppo, anche da genitori, dobbiamo ammettere di non essere perfetti, e di essere, a volte, pure contraddittori.

La cosa bella è però che i bambini sono in grado di insegnarci a dire la verità e, soprattutto, che cos'è il perdono.

# Il saggio

(Eleonora)

Oggi ero un po' triste, così senza motivo apparente, come a volte mi capita. Allora sono andata a passeggiare lungo il fiume ed era una giornata stupenda, fredda e soleggiata: c'era aria di neve.

Mi sono seduta sulla sponda dell'Adige a sentire il sole sulla pelle e sono andata dal Saggio. L'esercizio del Saggio è una visualizzazione che ti fanno fare in "Psicosintesi": quando hai qualche problema, immagini di scalare una montagna e di andare a parlare con il Saggio. Ognuno ha il suo Saggio personale perché ognuno di noi è un essere unico. Così sono salita sulla montagna, velocemente, non avevo tempo di mettermi a guardare il paesaggio o fare fatica, e sono corsa dal Saggio. Gli ho detto che ero triste, e lui mi ha chiesto il perché. Non sapevo rispondergli, allora mi ha detto che se volevo potevo sedermi lì in braccio a lui: era come un nonno buono e io ero una bambina piccola. Mi ha detto che era un peccato che io fossi triste: "Non ne hai motivo, tu sei luce, vai nel mondo e splendi!".

Mi sono sentita subito meglio, poi gli ho chiesto se potevo rimanere ancora lì in braccio, mi ha detto di sì, però mi ha anche ricordato la mia missione. Dopo un po' mi sono alzata e ho iniziato a camminare lungo il fiume, ero ancora triste però mi risuonavano in testa le parole del Saggio e mi davano conforto: "Tu sei luce, vai nel mondo e splendi".

Poi la giornata è proseguita con la sua routine, sono andata a prendere Lorenzo (tre anni) all'asilo: la maestra mi ha detto che era caduto, aveva un graffio e un brutto bernoccolo in fronte, aveva pianto tanto. Ma

in fondo stava bene, per fortuna. Quella sera eravamo io e lui a casa perché Alberto era in piscina. Ho chiacchierato al telefono con un'amica per un po', poi me lo sono preso in braccio mentre guardava felice il suo cartone preferito, Curious George. Siamo stati lì abbracciati per un bel pò in uno di quei momenti in cui si ferma il tempo. Verso le 10 l'ho messo a letto, e, mentre scrivevo "le gratitudini" sul mio quaderno, gli ho chiesto qual era stato il momento più bello della giornata (una pratica che facciamo la sera), lui mi ha guardato negli occhi e un po' in imbarazzo mi ha risposto: "Quando mi hai abbracciato". Si riferiva a poco prima sul divano. È stato come un tuffo al cuore.
E in quel momento mi è venuto in mente il Saggio, il Saggio che mi teneva in braccio stamattina... quel Saggio ero io.

# Comprare l'affetto
(Alberto)

"Papà sai quale voglio...?" mi ha chiesto Lorenzo (4 anni e mezzo) con un depliant pubblicitario dei mattoncini Lego in mano.
"No"
"Voglio questo, l'elicottero che spara le palle di fuoco..."
"Ah, bene, allora lo segnamo su un foglio così quando arriva il tuo compleanno scegli un gioco fra tutti quelli che avremo scritto da oggi al tuo compleanno e te lo regaliamo..."
"Ma perché non posso subito?!?"
"No Lorenzo, non si possono comprare sempre regali..."
"Ma tu me lo hai preso anche l'altro giorno!"
"Ma quello che ti ho preso era un pensierino, questo è un regalo grande che costa tanti soldi"
"Quanto?"
"Come 15 giri in autoscontro, o come 10 volte i soldi che hai nel salvadanaio... Sì, come 10 dei tuoi salvadanai..."
"Allora mi puoi comprare qualcosa di più piccolo, un pensierino...".

Proprio qualche giorno prima avevo richiamato l'attenzione di Eleonora su come anche noi due pensiamo sempre a cose da comprare: dalla copertura nuova del passeggino per la piccola, alla borraccia da borsetta, dai body per la bambina ad una casa nuova, da uno zaino a un cellulare nuovo, dai pantaloni corti o delle scarpe per me ad un computer.

La parola più usata è "Perché non compriamo...?" piuttosto che "Ho proprio bisogno di comprare ...".

Credo poi che Amazon, Privalia, Group On, Sarenza e tutti i siti di shopping on-line non facciano altro che alimentare e diffondere a dismisura questa abitudine di "shopping compulsivo".

Sembra quindi inevitabile che, in qualche modo, la trasmettiamo ai nostri bambini.

In realtà i mille desideri di acquisto, che lì per lì sembrano proprio dei bisogni impellenti la cui soddisfazione è una questione di vita o di morte, nascondono dietro "qualcos'altro"...

E quel "qualcos'altro" i bambini lo sanno benissimo, e infatti non c'è voluto molto prima che Lorenzo mi illuminasse...

*"Allora mi puoi comprare qualcosa di più piccolo, un pensierino...".*

Ho preso in braccio Lorenzo. L'ho guardato negli occhi e gli ho detto: "Vedi, noi abbiamo già tante cose, dovremmo cominciare a pensare che possediamo tutto quello di cui abbiamo bisogno... Non è importante se hai tanti giochi o ne hai pochi, ne hai quanti ne hai bisogno... Cosa ti manca?"

"Una bustina delle figurine dei dinosauri, così posso completare l'album..."

"Altroché una bustina per completare l'album! Non ci serve completare l'album... di cosa hai bisogno?"

"Ma tu non giochi con me..."

Colpito!

Ha bisogno che qualcuno giochi con lui, suo papà, sua mamma, un amico...

Non ha bisogno di giochi nuovi, ha bisogno di affetto, di relazione.

Io sotto sotto lo so, però quando mi chiede se posso giocare con lui ci sono sempre un sacco di cose da fare prima: sparecchiare la tavola, lavare i piatti, andare in bagno… La mia vera risposta alla sua richiesta di giocare con lui è un po': "Gioca da solo, hai tanti giochi, usane qualcuno che io devo fare le mie cose…".

Allora non c'è da meravigliarsi se chiede giochi nuovi: in realtà sta chiedendo affetto – amore – attenzione… che io non gli sto dando!

L'ho guardato e gli ho detto: "Certo, il papà gioca con te subito!", l'ho messo a terra e lui è andato in cameretta ed è tornato con un retino giallo per i pesci ed una pallina di plastica leggera. Ci siamo inventati una versione rudimentale di tiri liberi tipo pallacanestro dove ha dimostrato ottime doti di mira e coordinamento e ci siamo divertiti insieme, anche se mi ha dato dello "Sbaglione" a causa della mia bassa percentuale di canestri fatti.

Penso che *anche noi grandi tendiamo a riempire un vuoto di affetto e relazioni cercando una piccola scarica di endorfine prodotte dall'acquisto di qualcosa che, in quel momento, diventa il nostro papà che gioca con noi….* ma che, passato l'impulso, ci lascia un senso di vuoto non colmato ed il bisogno di ricorrere alla soddisfazione di qualche altro desiderio.

Se le prossime volte che con mia moglie ci chiediamo "Perché non compriamo questo o quello?" la risposta fosse uno scambio di baci credo che staremmo tutti molto meglio.

# Il Quinto Addestramento: Nutrimento e Guarigione

# I nostri bisogni

(Eleonora)

Avere un bambino piccolo ti insegna molto sui bisogni primari, suoi e tuoi. Un bimbo ha bisogno di nutrimento, di sonno, di fare pipì e cacca, di affetto, di calore, di gioco, di fare movimento, di interagire con gli altri bambini. Questi bisogni variano a seconda dell'età e, in base all'età, varia anche la capacità di tollerare la frustrazione del mancato soddisfacimento immediato dei bisogni. Per esempio un bambino piccolo che ha fame urla disperato, mentre se è più grande magari ha comportamenti fastidiosi ma regge un pochino di più, lo stesso avviene quando ha sonno o ha bisogno dell'attenzione degli altri.

Osservando mio figlio mi ha colpito quanto, per un bambino, il soddisfacimento dei bisogni sia fondamentale. Ho notato che noi adulti abbiamo gli stessi bisogni dei bambini, ma siamo spesso soliti trascurarli. Delle volte ci capita di saltare il pranzo o di mangiare un panino al volo, di dormire un numero insufficiente di ore, di tenerci la pipì per troppo tempo, di obbligarci a sostenere ritmi inumani per raggiungere chissà quale obiettivo o per soddisfare le aspettative di qualcuno.

L'altro giorno, per fare un esempio, siamo andati un weekend a Venezia per festeggiare il mio compleanno. Due giorni prima di partire, come annunciato dalla previsioni metereologiche, è arrivato un freddo siberiano e le temperature sono scese sotto lo zero. Tutti noi avevamo appena passato una brutta influenza quindi eravamo molto vulnerabili e sensibili al freddo. Però avevamo già pagato l'albergo e i biglietti del treno, ormai la cosa era organizzata. Ci siamo trovati così a "dover fare" quella che era partita come una gita "di piacere".

Mentre giravamo per Venezia, che Lorenzo (tre anni e mezzo) vedeva per la prima volta, mi sono resa conto che nessuno era felice di essere lì: mio figlio non ha visto nemmeno Piazza San Marco e i suoi piccioni perché dormiva nel passeggino dentro al suo sacco termico, andare sul campanile di San Giorgio e vedere il panorama non era divertente a -2 gradi, il negozio di libri per bambini tanto pubblicizzato su internet non era interessante se non avevi fatto merenda e soprattutto io e Lorenzo, con la nostra costituzione, mal tolleriamo il gelo.

Lorenzo è stato onesto come lo è un bambino, mi ha fatto capire che era inutile che mi raccontassi che era così bello che lui vedesse Venezia per la prima volta se c'era troppo freddo ed eravamo stanchi.

Ci sono dei bisogni primari che tutti noi, anche se siamo adulti, abbiamo: riposo, cibo, protezione, affetto, calore. Però tante volte ce ne scordiamo, perché dobbiamo dimostrare di essere "cool", di essere forti, di divertirci, di fare qualcosa per celebrare il compleanno, di fare vedere agli altri un'immagine luccicante (e non reale) di noi.

E se iniziassimo invece a trattarci bene? Se dormissimo di più, mangiassimo meglio, ci coccolassimo quando abbiamo bisogno di coccole, ci concedessimo di essere anche fragili e non solo attivi/ iperattivi?

Così in quella gita a Venezia ho capito che se mio figlio non si divertiva perché aveva freddo ed era stanco, probabilmente anche per me poteva essere così, che dovevo smetterla col giudizio, e che quel malessere che mi portavo dietro era legato ai miei bisogni non ascoltati.

# Papà, mi racconti una storia?
(Alberto)

Lorenzo: "Papà, mi racconti una storia?"
Io: "C'era una volta un bambino, che aveva circa tre anni e mezzo, e aveva i capelli biondissimi, praticamente gialli..."
Lorenzo: "E si chiamava Limone!"
Io: "Sì! a causa del colore dei capelli tutti lo chiamavano Limone!"

Iniziano così le storie che racconto a Lorenzo prima di dormire in quest'ultimo periodo, tanto che ormai tra il mio "...*aveva i capelli praticamente gialli...*" e il suo "*...e si chiamava Limone!*" intercorre sempre meno tempo, sembra quasi che il dialogo sia condotto dalla stessa voce narrante, se non fosse per l'enfasi e l'entusiasmo che Lorenzo riesce a mettere nella sua pur breve frase.

Lorenzo ha iniziato a parlare intorno ai due anni, ed è da un pochino prima di quell'epoca che ho iniziato a raccontagli le storie serali.
Ogni sera una storia e, nell'ultimo anno, ogni storia diversa da quella precedente.
Il bello è che se mi chiedessero "Ma tu sei capace ad inventarti una storia?" risponderei di no.
In realtà però, l'evidenza mi suggerisce proprio il contrario: non credevo di avere tutta questa fantasia.
Forse, più che di fantasia o immaginazione, si tratta di 'sopravvivenza' e 'volontà'. 'Sopravvivenza' perché, grazie alla storia, Lorenzo passa da un primo momento di eccitazione, che corrisponde al suo umore prima di mettersi a dormire, ad uno stadio fatto di tranquillità e

sonnolenza che lo conduce dritto dritto nel mondo di Morfeo. 'Volontà' perché quando dici a te stesso 'ora mi invento una storia per far addormentare il mio piccolo', la 'Volontá' chiama a sé tutte le altre qualità di cui ha bisogno (e delle quali forse non sapevi di essere dotato) come Immaginazione, Fantasia, Logica, Teatralità, Enfasi e Humor che ti aiutano nelle fasi di creazione della storia e soprattutto nel coinvolgimento del piccolo spettatore affinchè non si annoi dopo il primo minuto di racconto.

Una saga di storie che avevo inventato aveva come protagonista Pippo Scoiattolo, personaggio che prendeva le mosse da uno dei suoi peluche preferiti.
Pippo Scoiattolo si muoveva nel *Bosco Magico* e in una puntata stupiva Lella Scoiattolo, di cui era innamorato, con un meraviglioso volo planare grazie ad un mantello rosso che fungeva da paracadute e poi consumava con lei un pic-nic nel *Prato Vasto*.
In un'altra storia Pippo portava Lella in mezzo al *Lago Incantato* a bordo di una zattera improvvisata e lí incontrava Oro il Castoro che voleva mangiarsi la loro imbarcazione di fortuna pensando che fossero legni abbandonati utili per la sua diga.
In un'altra ancora Pippo Scoiattolo, sempre in compagnia della sua dolce metà, scendeva il *Fiume Impetuoso* a bordo di una canoa fatta con un tronco d'albero e prima doveva affrontare una cascata gigante e poi sfuggire a Drillo il Coccodrillo.

Uno degli aspetti meravigliosi delle storie serali sono le risate spontanee di Lorenzo: basta pronunciare alcune parole apparentemente normali come "SPUSSA VIA!",

"DENTONI" o "PATAPUNFETE" per scatenare imprevedibili risate. E le risate dei bambini sono contagiosissime.

L'altra sera mi è bastato inventare il personaggio di un ciabattino un po' sordo che storpiava tutte le parole per farlo morire dal ridere.

Nella storia un cavaliere chiedeva al ciabattino: "Sai dov'è il fabbro che lavora il metallo?" e il ciabattino rispondeva: "Come?!? Dal baffo cola il catarro?" e Lorenzo giù a ridere e ripetere la frase come se fosse la più bella barzelletta del secolo.

Raccontare storie è divertente, puoi sperimentare voci diverse per ciascun personaggio, recuperare episodi della vita quotidiana che si trasformano in avventure bellissime, animare ogni tipo di animale, visitare mondi meravigliosi e volare attraverso tutte le epoche e le stagioni.

Alla fine è difficile comprendere se il rito delle storie serali viene da una richiesta di Lorenzo o dal mio piacere di avventurarmi, insieme a lui, in viaggi fantastici e divertenti dove alla fine i veri protagonisti sono la mia voce, le sue risate e i nostri cuori che si toccano.

# Presenza

(Eleonora)

Lorenzo, 8 mesi, mi sta insegnando un sacco di cose. Ad esempio con lui più che mai è diventato chiaro il concetto di Presenza, che non è solo una presenza fisica, ma è una presenza di mente, di spirito, di anima: essere presenti all'altro, chiunque esso sia, significa essere in ascolto senza giudizio, senza pensiero, senza preconcetti.

Un neonato, o un bimbo piccolo, ha bisogno che tu ci sia, che tu stia con lui senza guardare l'Ipad, senza giocare con l'iPhone senza leggere il giornale nè un libro. Ciò significa che non solo non puoi fare altro, ma non devi nemmeno pensare ad altro. Avete presente quando state parlando al vostro partner, o a un'amica, e loro annuiscono in modo assente? Ecco non vi sentite ascoltati, l'altra persona con quell'atteggiamento vi ferisce, anche se magari non lo fa apposta. Per un bimbo vale la stessa cosa, anzi per lui l'attenzione è ancora più importante. Se voi non siete presenti e non lo guardate con amore, con attenzione, ma siete "da un'altra parte", allora lui sente di non esistere, di essere invisibile. E non c'è niente di peggio. Essere ignorati è peggio di essere odiati. Lui sente che "sparisce". Allora comincia a urlare e urlare, finché non tornate al momento presente, non tornate a lui. Questa cosa va avanti continuamente, giorno dopo giorno, ogni volta che mi assento, fisicamente o con il pensiero.
Lorenzo mi chiama costantemente alla Presenza.

Devo esserci nel qui e ora, con lui.

Se "ci sono e non ci sono" tutto diventa più difficile: mangia poco, piange, fa i capricci, ci mette ore ad addormentarsi. Se invece ci sono sul serio, finisce che ci divertiamo, ci facciamo un sacco di risate, mangia tranquillo tutta la pappa, fa la cacca senza problemi, e crolla stanco dal sonno in poco tempo.

"Esserci completamente" ti chiede più sforzo iniziale, ma poi ti ripaga, sempre.

Ci sono dei giorni in cui sono particolarmente stanca ed allora essere presente è veramente difficilissimo: ogni 5 minuti prendo in mano l'iPhone e guardo Facebook o controllo la posta, poi sono ancora più stanca e Lorenzo è sempre più arrabbiato. Tutto inizia ad andare a rotoli. Un bambino principalmente ti insegna che prima di tutto devi esserci per te, perché fare bene le cose significa essere presenti in quello che si fa. Poi ti insegna che essere in ascolto dell'altro è l'unica relazione possibile, l'unica che può generare qualcosa di buono.

Per essere presente bisogna concentrarsi su quello che si sta facendo col proprio bambino: giocare con lui divertendosi, leggere un libro, scherzare, cantare. Bisogna sentire che quei momenti sono i più preziosi che hai. Se la mente vaga, un rimedio per tornare al presente è quello di riportare l'attenzione al respiro: inspirare lentamente ed espirare lentamente.

Ovviamente è fondamentale per una mamma di un bimbo piccolo anche essere "assente", ma un'assenza fisica che ti permette di ricaricarti facendo cose da adulti: un corso di yoga, una passeggiata, un aperitivo con un'amica, un film.

Penso sia importante dosare la presenza con l'assenza. Se sei più riposata e rilassata è più facile essere presente col bambino quando ci sei, e qualcuno può essere presente al posto tuo quando tu non ci sei. Sono i famosi momenti di qualità più che di quantità che ti permettono di costruire un rapporto sano con tuo figlio e di dargli un rispecchiamento adeguato.

# La meditazione dei palloncini

(Alberto)

Quest'anno ho deciso di riprendere a meditare un po'.
Una pratica semplice e compatibile con la vita di tutti i giorni: 5 minuti di meditazione la mattina dopo i piegamenti sulle braccia.
Tutto ciò che sembra semplice con un bambino per casa si può subito complicare.
Oggi, mentre facevo le flessioni, è arrivato Lorenzo (3 anni) ed ha iniziato a parlarmi dei polmoni, spiegandomi che sono due buchi che abbiamo nel petto e precisando: "Dentro però! Non si vedono da fuori!".
La definizione di 'buchi' per rappresentare i polmoni mi sembrava un po' strana, allora ho pensato di rimandargli l'immagine di polmoni come due palloncini che si gonfiano nel petto quando inspiriamo e si sgonfiano quando espiriamo.
La nuova definizione gli è piaciuta.

Poco dopo ho finito i piegamenti sulle braccia e mi sono messo seduto nella posizione per meditare.
Lorenzo si è seduto vicino a me per vedere "cosa si faceva di bello".
In questi casi puoi fare due cose: la prima è continuare la tua attività fingendo che tuo figlio non esista, ma dopo qualche secondo ti pentirai amaramente della scelta fatta perché lui troverà 1.000 modi per interromperti perché si sente trascurato. La seconda è coinvolgerlo in quello che stai facendo, anche se pensi che non sia possibile fare quell'attività insieme: questa scelta è apparentemente coraggiosa ma in qualche modo paga sempre.

Facendo tesoro di tutte le volte che ho scelto la prima strada "schiantandomi" ogni volta, ho seguito la seconda via e gli ho detto di sedersi vicino a me che si meditava insieme.

Gli ho incrociato le gambette, raddrizzato un po' la schiena e appoggiato il dorso delle mani sulle ginocchia.

Poi mi sono messo nella stessa posizione e gli ho detto che poteva chiudere gli occhi o lasciarli aperti, ho messo il timer di 5 minuti ed abbiamo cominciato a respirare insieme.

Pensare di tenere un bambino occidentale così piccolo a respirare per 5 minuti è come far fare la maratona di New York ad una lumaca.

Per fortuna quando sono in difficoltà spesso arriva l'intuizione a salvarmi e così mi è venuto spontaneo dire: "Adesso riempiamo i polmoni e li svuotiamo respirando, ti ricordi i palloncini che abbiamo dentro, vero?"

Lui come un praticante buddhista di vecchia data mi ha subito risposto: "Si!".

"Bene, allora iniziamo:
ora gonfiamo i palloncini gialli... [inspiro],
ora li sgonfiamo lasciando uscire l'aria [espiro],
ora gonfiamo i palloncini rossi... [inspiro],
ora li sgonfiamo lasciando uscire l'aria [espiro],
ora gonfiamo i palloncini blu... [inspiro],
ora li sgonfiamo lasciando uscire l'aria [espiro],
ora gonfiamo i palloncini dorati... [inspiro],
ora li sgonfiamo lasciando uscire l'aria [espiro]".

Sono andato avanti con tutti i colori che mi venivano in mente, ogni tanto Lorenzo ne suggeriva qualcuno,

finché improvvisamente una musichetta ha interrotto il nostro esercizio: era il timer del cellulare, avevamo fatto 5 minuti di meditazione!
Non ci credevo neanche io, ma questa lezione mi ha insegnato come mischiando un po' di fantasia, gioco e buona volontà si può fare tutto, anche con un bambino di 3 anni, e forse ci si diverte pure di più!

# La crostata ammuffita

(Eleonora)

E' da poco che Lorenzo (tre anni) passato alla materna, ha iniziato a dormire all'asilo. Questo passaggio ha fatto rivivere in me un'esperienza di abbandono perché la mia giornata girava molto intorno ai suoi ritmi. L'anno prima, quando frequentava il nido, lo andavo a prendere all'una dopo pranzo, lo addormentavo a casa, e poi ogni tanto lui si svegliava e voleva essere riaddormentato.  Io stavo di là in sala a scrivere o lavorare ma spesso ero interrotta da lui che voleva ancora un po' di bobò (biberon). Sapere che dormiva di là mi dava un senso di sicurezza e di dolcezza. Improvvisamente mi sono trovata con tanto tempo a disposizione e con un gran senso di vuoto. Il giovedì e il martedì, quando era al nido, veniva anche la babysitter Sepalika che lui adora così io andavo a lezione di yoga, ma adesso, con i nuovi orari non c'era più bisogno che venisse. Ciononostante avevo deciso di farla venire lo stesso un giorno alla settimana, perché si divertivano un mondo a giocare insieme.

In realtà non ero solo io a sentire la mancanza di Lorenzo. Anche lui, nonostante ci fosse Sepalika con cui giocava felice, non voleva che io uscissi di casa: se stavo di là a lavorare andava bene, ma di uscire proprio non se ne parlava.

Un giovedì però mi sono organizzata per andare a fare due commissioni in centro e così ho deciso di salutarlo e andare.

Non potevo immaginare la sua reazione!

Lorenzo risponde al saluto con pianti disperati, si attacca alla gamba e urla: quel giorno proprio non vuole. Allora penso di usare un piccolo escamotage che qualche volta funziona: "Vado a fare la spesa così compro anche una torta per te".

Immediatamente smettono i pianti, un attimo di silenzio. Risposta: "Va bene".

Esco a fare i miei giri e, quando ormai quasi tutti i negozi sono chiusi, mi ricordo della promessa che avevo fatto: "Cavoli, la torta! E adesso dove la trovo?".

Sono le 19.30 e sono appena uscita dal fruttivendolo: mi guardo intorno in cerca di una via di fuga e finalmente vedo una piccola rosticceria che, per grazia divina, è ancora aperta.

Entro ed ecco che sul banco, vicino alla cassa, trovo una serie di piccole crostate di marmellata simili a quelle che prendo di solito da 'Natura Si' che piacciono molto a Lorenzo. Ne compro una di fichi che sembra buona e aggiungo un po' di tortellini di Valeggio, così, giusto per non fare quella che prende solo la torta. Torno a casa soddisfatta. Sepalika è già andata via ma è tornato Alberto.

Lorenzo mi corre incontro gridando "Ciao mamma, la torta?".

Faccio un sospiro di sollievo per essermi ricordata, ringrazio il cielo per aver trovato all'ultimo minuto quella crostata e di non aver fatto finta di niente. Siccome lui ha già cenato gli dico che sì, può mangiarne subito una fettina, che la mamma è andata apposta a prendere la torta per lui. Prendo le forbici e Alberto taglia il nastro rosso. Lorenzo ride felice con l'acquolina in bocca. Poi sulla faccia di Alberto un'espressione delusa: "Mah cosa c'è qui: la muffa?!?". Prendo incredula il pacchetto e guardo inorridita le quattro

chiazze di muffa verdi sulla marmellata e confermo:
"Eh sì è muffa! Che schifo, non si può mangiare!".
"Uaaaaaaaaaaaaaaaaaaaaaa, uaaaaaaaaaa, uaaaaaaa".
Lorenzo scoppia in un pianto disperato e inarrestabile,
come se gli avessero tagliato una gamba.

Tutti e tre ci siamo rimasti male, ma per un piccolo di
tre anni la frustrazione per una torta che gli piace un
sacco e che pregustava da due ore era troppo. I tentativi
di sostituirla con altri dolcetti non sono serviti a nulla:
singhiozzi continui per venti minuti.
Alla fine è passato tutto, è andato a prendere un gelato
con il papà, e il giorno dopo ho restituito la crostata. Le
ragazze della rosticceria mi hanno ridato i soldi
scusandosi, ma a me è rimasto uno strano sapore in
bocca.
Allora mi sono chiesta: "Perché hai promesso e preso la
crostata a Lorenzo? Perché volevi fargli un regalo, un
pensiero d'amore?".
No, quel giorno l'ho presa perché mi sentivo in colpa,
perché mi sentivo cattiva a lasciarlo a casa mentre
piangeva, perché volevo togliermi dalla difficoltà di
contenere il suo dolore e il mio, perché quando sono
uscita sono andata a fare shopping e non a fare la spesa,
e me la sono cavata all'ultimo secondo. È come se avessi
vinto la partita con un rigore, e poi me lo avessero
annullato.
Sì perché la vita non vuole punirti, ma farti riflettere, e
così quella crostata non era buona, era andata a male
perché agire per senso di colpa non è mai la cosa giusta,
soprattutto se ci sono di mezzo i sentimenti di un
bambino.

La prossima volta starò più attenta, a non promettere premi per uscire da una situazione difficile, ma soprattutto ad ascoltare di più le mie emozioni e le sue, perché forse quel pomeriggio avremmo dovuto semplicemente stare insieme, senza crostate nè babysitter, io e lui felici di esserci ritrovati dopo le tante ore di asilo.

# Gli occhiali fantasia

(Alberto)

Gli occhiali preferiti dai bambini si chiamano "fantasia".
Sono occhiali invisibili che i bambini mettono tutte le
volte che possono, soprattutto quando giocano.
Lorenzo a tre anni ad esempio li usa per:
- trasformare un tubo spara-acqua in una spada con
  la forza di Hulk,
- convertire 3 pezzi di lego assemblati in un cane
  robot,
- tramutare un bastoncino di legno in una bacchetta
  magica che sputa fuoco contro i draghi che piovono
  dal soffitto,
- trasformare uno scarabocchio fatto con la penna
  nera su un foglio in una "fortissima" ragnatela.

Questi occhiali non funzionano solo con gli oggetti, ma
anche col corpo umano (ad esempio Lorenzo mi mostra
come si può creare un motore super potente girando su
se stessi con le braccia stese e facendo un ronzio di
sottofondo con la bocca tipo "BBBRRRRRRRRR....") ed
hanno anche il potere di ridisegnare la geografia: allora
ecco che l'acqua che beviamo non arriva da una
sorgente alpina, ma sgorga dal non meglio identificato
"Monte Cocelo", un monte che deve essere abitato da
gente molto allegra a giudicare dalle risate che si fa
Lorenzo ogni volta che lo nominiamo.

Le lenti "fantasia" aggiungono almeno un paio di
dimensioni alle tre già note: l'entusiasmo e
l'immaginazione.

Un'immaginazione che sta a metà fra il reale e il sogno, infatti bisogna essere molto abili nell'indossarli perché alcuni 'voli pindarici' sono consentiti, altri no.
Ad esempio se da una parte io posso far saltare Spiderman dalla scrivania al letto come se volasse fra i grattacieli, dall'altra Spiderman non può chiedere "Quando diventerò grande come te, Lorenzo?" perché lui risponderà immediatamente "Ma tu non puoi crescere... tu sei un giocattolo!".
Poi per fortuna riparte l'immaginazione: diventiamo pirati senza neanche l'ombra di un travestimento ma solo impugnando un bastone-spada, un letto matrimoniale si trasforma in una nave ricca di tesori... insomma tutto quello che ci circonda diventa meraviglioso e magico, più di quello dei cartoni animati!

I bambini adorano questi occhiali, e li usano finchè non gli viene detto da un adulto che li devono togliere, che la realtà è un'altra, che i draghi non esistono. Eppure, anziché togliere gli "occhiali fantasia" ai nostri figli, possiamo cercare i nostri: anche noi da bambini li avevamo.
Poi crescendo, non sappiamo bene come, non ricordiamo esattamente quando, li abbiamo persi da qualche parte, o dimenticati nel cassetto di un vecchio comodino.
Ma se li andiamo a cercare li troveremo ancora lì, coperti da qualche strato di polvere, sotto qualche foglio di carta o foto vecchia, pronti per essere ripuliti e indossati. E quando li rimettiamo, possiamo ritrovare l'entusiasmo perduto e rituffarci in mondi allegri, colorati e ricchi di avventure miracolose.

# A passi di danza

(Eleonora)

Ieri sera io e Lorenzo (tre anni e mezzo) ci stavamo preparando per andare a letto. Alberto era in piscina, avevo finito di lavare i denti a Lorenzo, dargli lo sciroppo per la tosse e il biberon di latte di riso. Ci eravamo stesi a letto, io a scrivere il mio "quaderno delle gratitudini" e lui a disegnare sul suo. La stanza era avvolta in una luce bassa, azzurra, quella che metto quando è ora di dormire. A un certo punto Lorenzo faceva finta di leggere: è un periodo che è interessato a "cosa c'è scritto" e "come si scrive", allora gli ho chiesto se voleva imparare a leggere e scrivere. È stato zitto, probabilmente consapevole di una cosa più grande di lui, allora gli ho detto: "Magari quando sei un po' più grandicello!". Lui ha risposto di sì, gli ho detto che quando sarebbe andato a scuola la maestra gli avrebbe insegnato a leggere e a scrivere. Lui ha obiettato che voleva che gli insegnassi io, allora abbiamo iniziato a chiacchierare e scherzare su chi gli avrebbe insegnato a leggere: "Poteva essere la nonna Giannina, o la maestra, o il papà...".

"Sì! Il papà!" mi ha risposto lui: era entusiasta del fatto che gli insegnasse il papà.

*'In effetti Alberto è piuttosto bravo e paziente...'*, ho pensato, *'...sarebbe sicuramente più adatto di me'*.

Mi sono alzata per andare in bagno e gli ho detto: "E allora la mamma cosa ti insegna? A ballare?" e così dicendo mi sono messa a improvvisare buffi passi di danza a metà tra la salsa e gli ancheggiamenti della danza del ventre. Lui ha detto sì felice e con entusiasmo è sceso dal letto e ha cominciato a seguirmi e a ballare dietro di me.

Ci sono attimi eterni che vorresti bloccare nella memoria del tempo, che non moriranno mai, perché il loro amore è così forte che rimane in circolo nell'aria, come dice quella bellissima canzone di Jovanotti:

> *"L'amore dato non ritorna a posto*
> *Ma resta in giro*
> *E rende il cielo immenso*
> *Il cielo immenso"*

Ricordo mia nonna Gianna che ballava cantando la canzone del cartone animato di Lady Oscar con me e mia sorella che ridevamo come matte, quel ricordo indelebile nel mio cuore è simile alla serata di ieri: io e Lorenzo, nella penombra di una stanza illuminata di blu, che inventiamo passi di danza.

Ci sono attimi così, che la purezza dei bambini fa accadere, e che rimarranno in qualche modo in giro "per sempre".

# Conclusioni

Questo libro potrebbe durare ancora a lungo visto che momenti, come quelli che abbiamo descritto, avvengono continuamente nella vita di tutti i giorni. Abbiamo però deciso di terminare qui i nostri racconti perché ci sono alcuni cambiamenti che stanno avvenendo nella nostra famiglia: tra qualche mese nascerà una bambina, Luce.

Ormai si è chiusa un'era: un bimbo piccolo con la sua innocenza e la sua purezza sta crescendo, e seppur continuerà ad essere sempre il nostro Piccolo Maestro, lo sarà in modo diverso, forse più adulto.

È stato bello scrivere questo libro insieme e speriamo che le nostre esperienze e il nostro sguardo possano essere utili anche ad altri genitori, o a chiunque ha a che fare con i bambini: nonni, maestri, zii, educatori.

Di recente, ad una conferenza, Massimo Rosselli spiegava come nei bambini il Sè (o l'Anima) è già naturalmente manifesta, poi, con il tempo, a causa delle ferite della vita, si ritira. Il nostro compito, per divenire adulti saggi, è quello di reincorporare il Sè, chiamarlo ancora a manifestarsi e poi sempre più tornare ad essere il Sè.

Guardare con occhi attenti un bambino è sicuramente un grande insegnamento che noi tutti possiamo fare per ritrovare quel contatto perduto, l'unico in grado di renderci adulti felici.

# Una candela gratis
(Eleonora)


Oggi siamo stati a messa, soprattutto per salutare Don Roberto: da quando Don Marco è stato trasferito la chiesa di San Nicolò non è più la stessa. Ora Don Roberto divide le domeniche con Don Gabriele, che non conosco: era la prima messa detta da lui che sentivo. Appena entrati in chiesa si è sentito un gran vuoto per l'assenza di Don Marco.

È da tanto tempo che non andavamo a messa: tra la gravidanza, il freddo dell'inverno e la bimba piccola sono veramente parecchi mesi. Questo weekend non eravamo sul lago e abbiamo deciso di organizzarci e andare anche per chiede a Don Roberto se battezzerà lui Luce. San Nicolò non è la nostra parrocchia, ma Don Roberto l'abbiamo proprio scelto perché un prete non vale l'altro, lui è una persona speciale e ha battezzato anche me e Lorenzo qualche anno fa.

Nella chiesa di San Nicolò c'è uno spazio bimbi dove i piccoli possono disegnare e leggere libri mentre i genitori ascoltano la messa. Lorenzo è stato lì un po' con Alberto mentre io cercavo di capire qualcosa della predica di oggi e Luce invece dormiva beata nel passeggino.

Dopo un bel po' di tempo Lorenzo è venuto a cercarmi e mi ha chiesto se andavamo ad accendere una candela, gli ho detto che purtroppo non avevo una moneta, perché già mi ero resa conto di avere lasciato il portafogli a casa al momento di lasciare un'offerta. Lui ha iniziato la lamentela: non capiva perché non potevamo accendere una candela se le candele erano a disposizione. Anche se c'era un buchino per mettere le monete potevi comunque accendere la candela, nessuno ti controllava. In effetti anch'io avrei voluto accenderne una: la pratica "della candela e del desiderio" me l'ha tramandata mia nonna e per me ha molto più senso di qualsiasi predica. Così mi sono detta "non essere rigida, in fondo accendi una candela per pregare e per far piacere a Lorenzo, non succede niente, metterai due monete la prossima volta. Se c'è un Dio lassù farebbe accendere la candela a Lorenzo senza chiedere nulla". Ho preso in mano una candela e mentre la accendevo pensavo a quel bambino che era entrato in coma l'anno scorso, che ora sta facendo la riabilitazione, e alla sua mamma. Li ho visiti ieri a un compleanno di un amico di Lorenzo. Avrei voluto dirgli che l'anno scorso avevo pregato tanto per loro, avrei voluto chiedergli come stava, ma mi sono limitata a sorridere e salutarli perché mi sentivo così in difficoltà davanti a un dolore così grande, così impotente di fronte ai perché della vita.

Poi ho chiesto a Lorenzo che desiderio esprimeva lui aspettandomi una lista di giocattoli visiti nelle pubblicità. Lui ha risposto a bassa voce: "Che la Piccinù stia sempre bene". La Piccinù è Luce, sua sorella di quasi quattro mesi.

Mi sono venute le lacrime agli occhi e ancora una volta Lorenzo mi ha dato una lezione di vita. Davanti alla statua della Madonna col bambino, davanti a decine di candele accese un bambino di 4 anni e mezzo non chiede Pjmask o orologi spara mostri di Ben Ten, ma esprime l'amore per sua sorella.

Ringrazio me stessa per aver creduto in un Dio buono che ci regalava una candela, senza la quale, oggi, non avrei visto l'Amore nel cuore di mio figlio.

# Ringraziamenti

Prima di tutti ringraziamo Lorenzo che ci ha ispirato a scrivere questo libro.

Ringraziamo quindi i nostri maestri di vita: Fiorella Pasini, Antonio Tanchis, Vincenzo Liguori, Virgilio Niccolai, Gianni Yoav Dattilo, Don Roberto, Babacar M'Bow, Alberto Alberti, Massimo Rosselli, Piero Ferrucci.

Giulia Niccolai per le chiacchierate sulle sincronicità della vita, per gli incoraggiamenti e per aver scritto l'introduzione.

I maestri "a distanza" Thich Nath Hanh e Jon Kabat-Zinn.
Il " blogger" Leo Babauta di Zenhabit.net

I parenti, gli amici e i lettori sostenitori del blog piusemplice.net, che apprezzando i nostri post ci hanno dato l'entusiasmo per continuare a scrivere.

I nostri Sè che prima hanno dato vita a Lorenzo, e poi ci hanno condotto verso questa opera comune di scrivere un blog e poi questo libro.

Ringraziamo infine i nostri genitori, che, seppur esseri imperfetti, ci hanno dato amore.

Eleonora e Alberto

# I 5 addestramenti alla consapevolezza

Riformulazione di Thich Nhat Hanh dei tradizionali precetti buddhisti.

### Il primo Addestramento: rispetto per la vita

Consapevole della sofferenza causata dalla distruzione della vita, mi impegno a coltivare la visione profonda dell'interessere e la compassione e a imparare modi di proteggere la vita di persone, animali, piante e minerali. Sono determinato(a) a non uccidere, a non lasciare che altri uccidano e a non dare il mio sostegno ad alcun atto di uccisione nel mondo, nei miei pensieri o nel mio modo di vivere. Riconoscendo che le azioni dannose nascono dalla rabbia, dalla paura, dall'avidità e dall'intolleranza, le quali a loro volta derivano da un modo di pensare dualistico e discriminante, coltiverò l'apertura, la non discriminazione e il non attaccamento alle opinioni per trasformare la violenza, il fanatismo e il dogmatismo in me stesso(a) e nel mondo.

### Il secondo Addestramento: vera felicità

Consapevole della sofferenza causata dallo sfruttamento, dall'ingiustizia sociale, dal furto e dall'oppressione, mi impegno a praticare la generosità nel mio modo di pensare, di parlare e di agire. Sono determinato(a) a non rubare e a non appropriarmi di nulla che possa appartenere ad altri; condividerò tempo, energia e risorse materiali con chi è in stato di bisogno. Praticherò l'osservazione profonda per riconoscere che la felicità e la sofferenza degli altri non sono separate dalla mia stessa felicità e sofferenza; che è impossibile essere davvero felici senza comprensione e compassione e che rincorrere ricchezza, fama, potere e piaceri dei sensi può portare molta sofferenza e disperazione. Sono consapevole che la felicità dipende dal mio atteggiamento mentale e non da condizioni esterne; so che per vivere felicemente nel momento presente mi basta ricordare di avere già condizioni più che sufficienti per essere felice. Mi impegno a praticare il Retto Sostentamento per contribuire a ridurre la sofferenza degli esseri viventi sulla Terra e a invertire il processo di riscaldamento globale del pianeta.

### Il terzo Addestramento: vero amore

Consapevole della sofferenza causata da una condotta sessuale scorretta, mi impegno a coltivare in me il senso di responsabilità e a imparare modi di proteggere la sicurezza e l'integrità di individui, coppie, famiglie e società. Sapendo che il desiderio sessuale non è amore e che l'attività sessuale motivata dalla brama è sempre dannosa per me stesso(a) e per gli altri, sono determinato(a) a non intraprendere relazioni sessuali prive di vero amore e di un impegno profondo e duraturo di cui renderò partecipi la mia famiglia e gli amici. Farò tutto ciò che è in mio potere per proteggere i bambini dagli abusi sessuali e per prevenire la rottura di coppie e famiglie a seguito di un comportamento sessuale scorretto. Riconoscendo che corpo e mente sono una cosa sola, mi impegno a imparare modi appropriati di prendermi cura della mia energia sessuale e a coltivare la gentilezza amorevole, la compassione, la gioia e l'inclusività – i quattro elementi fondamentali del vero amore – per la maggiore felicità mia e degli altri. Sappiamo che se pratichiamo il vero amore la nostra esistenza avrà una meravigliosa continuazione nel futuro.

### Il quarto Addestramento: parola amorevole e ascolto profondo

Consapevole della sofferenza causata dal parlare senza attenzione e dall'incapacità di ascoltare gli altri, mi impegno a coltivare la parola amorevole e l'ascolto compassionevole allo scopo di alleviare la sofferenza e promuovere la riconciliazione e la pace in me stesso(a) e fra gli altri – persone, gruppi etnici e religiosi e nazioni. Sapendo che le parole possono essere fonte di felicità o sofferenza, mi impegno a parlare in modo veritiero, usando parole che ispirino fiducia, gioia e speranza. Quando in me si manifesta la rabbia, sono determinato(a) a non parlare. Praticherò la respirazione consapevole e la meditazione camminata per riconoscere la mia rabbia e osservarla in profondità. So che le radici della rabbia possono essere trovate nelle mie percezioni erronee e nella mancata comprensione della sofferenza in me stesso(a) e nell'altra persona. Parlerò e ascolterò in un modo che possa aiutare me stesso(a) e l'altra persona a trasformare la sofferenza e a trovare una via d'uscita dalle situazioni difficili. Sono determinato(a) a non diffondere notizie di cui non sono sicuro(a) e a non pronunciare parole che possano causare divisione o discordia. Praticherò la Retta Diligenza per alimentare la mia capacità di comprensione, amore, gioia e inclusività, e trasformare gradualmente la rabbia, la violenza e la paura che giacciono nel profondo della mia coscienza.

*Il quinto Addestramento: nutrimento e guarigione*
Consapevole della sofferenza causata da un consumo disattento mi impegno a coltivare una buona salute sia fisica che mentale per me stesso(a), la mia famiglia e la società, praticando la consapevolezza nel mangiare, nel bere e nei consumi in genere. Praticherò l'osservazione profonda del mio modo di assumere i Quattro Tipi di Nutrimento, ossia cibo commestibile, impressioni dei sensi, volizione e coscienza. Sono determinato(a) a non giocare d'azzardo, a non assumere alcolici, droghe o altre sostanze o stimoli che contengano tossine, come certi siti internet, videogiochi, programmi televisivi, film, riviste, libri e conversazioni. Coltiverò la pratica di tornare al momento presente per stare in contatto con gli elementi rasserenanti, risananti e nutrienti che si trovano in me stesso(a) e intorno a me, senza lasciare che rimpianti o dispiaceri mi trascinino di nuovo nel passato né che ansie, paure o avidità mi distolgano dal momento presente. Sono determinato(a) a non cercare di coprire la solitudine, l'ansia o altra sofferenza con acquisti e consumi compulsivi. Alla luce della contemplazione dell'interessere, orienterò le mie scelte di consumatore in modo da proteggere la pace, la gioia e il benessere nel mio corpo e nella mia coscienza, come nel corpo e nella coscienza collettivi della mia famiglia, della società e della Terra.

# INDICE

www.ingramcontent.com/pod-product-compliance
Lightning Source LLC
Chambersburg PA
CBHW030331160726
47992CB00005B/2240

*9791220026574*